明太子小姐の
東京生活手帳

明太子小姐　著

「最溫柔的力量」。

這六個字，在多年前偶然讀到明太子小姐的文章，深深地烙印在我心中。

不知是因她的筆名是我所喜愛食物的緣故，抑或是那溫柔文字的力量在我心中築了個巢？

每當生活忙累而無法喘過氣時，她的字字句句，總像是在背後輕聲喚起我最初的衷心。

同樣是生活在日本的台灣人，在她筆觸下能發現許多從未踏入過的層面，即使是風吹，或是下雨聲，在她看來都像是這世界送給我們的小禮物般地，神秘愉悅又開心。

淡淡的，輕輕的。溫柔的，讓人會心一笑的。如她本人，恬靜高雅，散發吸引力。讀這本書時，千萬要小心！

因為很容易就會像我一樣……不小心地就掉入她這本書的文字漩渦裡，不小心地就參與了她想分享關於東京一切的事情。然後，不小心就跟著她去了一趟日式小確幸之旅。

——知名部落客　上田太太

光是文字就能夠讓人感覺到溫度的溫暖系作家，在《mina》雜誌中長期連載的東京觀察誌專欄，受到廣大忠實讀者關注並擁有超高人氣！善於說故事的明太子小姐，總能帶領我們從她的照片與文字中體會東京這個城市的各種美好。不同於一般觀光客或旅遊部落客的角度，以東京在住的台灣女性觀點，為我們挖掘更多專屬於東京不一樣的味道、樣貌，以及生活體驗，步調緩慢地、放鬆地……使我們透過閱讀就可獲得彷彿身歷其境般、帶點知性走心的深度輕旅療癒感。喜愛東京、喜愛日本文化的人，絕對不能錯過本書，一起從明太子小姐的手帳裡細細品味一段段迷人的東京故事吧！

——mina 米娜時尚國際中文版總編輯 **吳怡萩**

遇見百分百的女孩！

——與明太子小姐共度一生的人 **枝豆**

我們是在倫敦相遇的。

她在學校主修傳播行銷，我唸的是藝術管理。因為兩個系都屬於傳播學院的關係，所以我們會在某些課遇到。

「原來傳播學院裡，有個和我同樣是日本人的女生啊！」

當時在傳播學院裡面有來自世界各國的學生，但是看起來像是日本人的，就只有這個女生和我以外的一個日本男生而已。當時我還無法從外表分辨出台灣和日本女生的不同，第一次見到時，她穿著川久保玲的毛衣，化妝和髮型和日本街上的女生沒有什麼不同，所以我就在心中默默認定她也是日本人。

因為覺得有點好奇，所以我就開始詢問班上的同學，看看有沒有人認識隔壁系所的日本女生。可是不管問誰，都沒有人認識我口中的這位「日本女生」。過了好一陣子，我看到班上同學和這個女生在圖書館門口交談，在朋友的介紹下，才知道原來她不是日本人而是台灣人。

「Nice to meet you!」她給了我一個爽朗的笑容。

後來班上同學邀請我去參加這個女生的生日會，同時也把這個女生的skype 帳號告訴了我。

當時對自己的口說英文沒有太大自信的我，一直在考慮要等到她的生日會再與她交談，或是先用skype和她聊聊。最後我決定先用skype丟訊息給她。

「Hello!」對話就這樣有一搭沒一搭地開始了。

結果沒想到只是透過 skype 上的文字往來，我們居然一天也能聊上三、四個小時。可以說是網路上的 Blind Date（聯誼）吧？

在那之後過了十年，現在她在日本生活著。她的生日會後我們開始交往，共同在倫敦生活了三年，然後再一起回到東京。她來到東京後就馬上前往日語學校學日文，一開始我以為像她這樣開朗又友善的性格，一定很快就可以融入日本社會。

但是，事實上卻沒有我以為的那麼簡單。

在日本生活的六年間，我看著她不停地碰壁與受傷。日本社會藏著許多大家心照不宣的潛規則，外國人要融入日本社會，就像是蒙著眼睛找路一樣。

尤其她當時是直接從「強調個人特色」的英國，來到「需要仔細考慮對方感受」的日本，文化環境的轉變是很大的。日本人心思細密的程度，有時候是外國人較難理解的。

像是這篇文章，我一直使用「她」而不是「妻子」這個詞。因為在日本文化中，使用「妻子」這個詞，就會顯得有點大男人的感覺。所以我就會擔心，若使用「妻子」這個詞，會不會就是不夠考慮讀者的感受。像這種細微的事，如果不是長期生活在日本、深入日本社會的話也許很難理解。所以要理解這些日本人獨特的想法和價值觀，也許就是外國人要融入日本社會一個很大的障礙也說不定。

很可惜我因為無法閱讀中文的緣故，而無法讀她寫的這本書。但我猜想，她在書中描寫的，大概就是這六年間所體驗到的，我剛剛提到的「日本人獨特的價值觀」吧！

今年一月，我們迎接了第一個孩子的到來。接下來她將會因為身分的改變，面臨更多考驗。在日本的育兒之路上，她將需要開始學習做可愛的手作便當、手縫圍裙，也許媽媽友們的價值觀也將給她帶來不小的衝擊。

但我非常期待看見，將來她在育兒路上的成長與改變。

自序

在東京尋找幸福感的能力

首先，要謝謝正在閱讀這本書的你。

《明太子小姐の東京生活手帳》，記錄的是六年間我在這個北緯三十五度的城市所遇見的人、事、物，以及發生的大小事。這些看起來似乎沒有太大關聯的故事們，則是被「幸福感」給串起的。

「好幸福喔！可以住在東京！」許多人聽到我居住在東京這個城市，總是投以羨慕的眼光。

「東京乾淨又漂亮，人又有禮貌，而且隨時都可以吸收最新、最有趣的資訊！」

但是住在東京真的幸福嗎？這個問題我在六年間不停地問自己。

老實說，東京是個很容易讓人感到很幸福、卻也很容易感到不幸的城市。如果這裡說的幸福單只是「物質上的幸福」的話，那東京確實是個幸福感滿溢的城市。也許只需要走進裝潢漂亮的咖啡店，選個落地窗座位坐上一小時；或是到燒肉店先點一杯啤酒，然後再把入口即化的和牛送進嘴裡；也可以到藥妝店，什麼都不想地就把最新的美容彩妝品統統掃到購物籃，就能快速地得到物質生活上的滿足。

然而，即使在得到這些短暫的幸福之後，走出讓人情緒高昂的新宿百貨店，仍會看到一群以紙箱為家的流浪漢；跳進電車內，還是會被人們陰鬱的表情給淹沒。每天的晨間新聞，總是播報著讓人忍不住打從心底悲傷的新聞。

「就精神層面來說，東京人真的幸福嗎？」再次帶著疑問，我決定深入人群，在這個城市的小角落、在遇見的每件事、每個人身上找答案。我把這些故事全都完整地記錄了下來，而您現在正在閱讀的這本書，就是我在東京尋找「幸福感」的軌跡。

我走進書店裡，想看看人們筆下的幸福是什麼。也逢人便問，在他們心中所認定的幸福又是什麼。村上春樹寫道：「幸福就是在大熱天，先幫自己把曬乾的每件內褲都仔細摺好後，再吃一片冰涼的西瓜！」《暮らしの手帖》的前總編輯松浦彌太郎則寫道：「幸福就藏在認真度過的每一天、認真做的每件事裡。」我也問過我的先生枝豆同樣的問題，他的回答則是：「幸福就是對抗

新酒

著濃濃睡意在早晨醒來，然後爬到山頭，一邊欣賞日出、一邊享用自己帶去的手捏飯糰。」

終於我明白，「幸福感」這件事情並無法單獨地存在。

也許有點「禪」的意味。人們必須先經歷有點枯燥乏味的過程，或是體驗過某些麻煩討厭的事。總之，身心都必須經過一番修煉之後，才能抽絲剝繭地，在一團看似雜亂的黑線圈中，看見閃閃發亮的幸福感。

所以，獲得幸福感的前提是，必須先培養尋找幸福感的能力。不然就會不經意地路過，卻始終沒有發現幸福感就像松露般地藏在自己的腳下。《明太子小姐の東京生活手帳》，則是想要邀請你一起來和我一起在東京這個城市，從下雨的日子、有些複雜難懂的人際關係、生活上所面臨的瑣碎雜事裡，去找到「獲得幸福感的方法」。

「住在東京真的幸福嗎？」我相信答案是肯定的。只是幸福都藏在生活中的小細節裡，必須要靠自己反覆地、一滴一點地去挖掘才找得到。

Contents

Chapter 01

藏著幸福感的東京角落

Chapter 02

東京不思議

Chapter 03

東京人的溫度

Chapter

01

藏著幸福感的東京角落

自由之丘

在東京的二十三區內，我最喜歡的地方就是自由之丘了。

其實一開始喜歡它的理由很膚淺，純粹就是喜歡上「自由之丘」這個名字而已。

在還沒有搬到東京之前，我一次也沒有去過自由之丘。不過倒是藉著雜誌上的照片神遊過不少次，那邊的咖啡店、雜貨店、甜點店、服飾店都讓我著迷，心想有天一定要好好地探索這個地方。

也許是自由之丘女神聽到我的祈禱了，沒想到來到東京後，我和枝豆居然有機會住在自由之丘隔壁站。我興高采烈地買了從涉谷到自由之丘區間可以無限搭乘的電車定期月票，決定花上大把時間好好探索自由之丘站。

還記得日語學校下課的第一天，我就忍不住直衝自由之丘了。一到站才發現車站出口分為南北口，因為北口又稱為正面口，所以我決定從北口開始探索。

自由之丘的女神

在北口迎接我的是一個女神雕像，這個名為「あおぞら」（穹蒼）的女神是日本雕刻家澤田正廣的作品。雖然女神時常被觀光客給忽略，但她就像是涉谷站的八公銅像一樣，對自由之丘車站來說是一個象徵性的存在，當地人時常會約在女神雕像下碰面。每逢情人節或是耶誕節，女神的附近總會被裝飾得很溫馨可愛。我特別喜歡每年十月在自由之丘舉辦的女神祭，不僅當地的商店都會出來擺攤，現場也會舉辦許多音樂活動。也因為祭典的名稱為「女神祭」，總會在車站口聽到來參加祭典的訪客說：「啊！原來自由之丘有個女神啊！」

每次聽到人們這樣說，我都會默默地為女神開心。因為她是我最喜歡的，自由之丘的守護神。

讓人放慢腳步的北口

每每來到自由之丘站北口，我必定會拜訪的地方是商店街盡頭的古民家咖啡店「古桑庵」，它就位於熊野神社旁邊。其實自由之丘站還蠻像迷宮的，

OPEN

即使是拿著旅遊書，也不見得會順利找到藏在小巷中的商店和咖啡店，古桑庵和熊野神社是我第一次拜訪就無意間路過的景點。

古桑庵是個被樹林包圍的古民家咖啡店，走進它的腹地中就會完全忘記自己身在東京。聽說自由之丘曾經是個竹林，而來到保留有竹林的古桑庵或是熊野神社，就能隱約窺見它被商業化之前的風景。古桑庵有著我很喜歡的緣廊設計，夏天平日若是客人不多，就可以坐在緣廊上一邊吃著抹茶冰，一邊享受夏日獨有的風鈴蟬鳴。

有次我在菜單上看到一個有趣的典故，原來「古桑庵」這個典雅的名字，是由夏目漱石的小說家女婿松崗讓取名的。聽說松崗讓就是在這個幽靜的茶室，靜心寫下許多耐人尋味的小說。

熊野神社也是我的必訪景點之一，大概是每次來抽籤我都會很幸運地抽到大吉的關係吧！據說它是專為兒童祈福的神社，因此會販賣給兒童使用的，可愛的青蛙和熊圖樣的御守。我也喜歡這個神社的御朱印，隨著季節的更迭，御朱印上的花朵圖樣也跟著變化，讓我非常著迷。

北口同時也有不少雜貨店和風味咖啡店，但我倒覺得不用特別先做功課。比起東京其他地方，自由之丘是個會讓人很自然地就把腳步放慢的地方，連店員的態度都比其他地區從容許多。若是遇上了命中注定的店，就進去逛逛，往往會有許多讓人驚喜的發現。

充滿生活感的南口

自由之丘南口和北口則是有著不同的氛圍，我覺得南口多了幾分「生活感」。如果我要找書、買藥妝、找生活雜貨，必定是直接從南口出車站。我很喜歡臨近車站口的 trainchi，它是一個擁有兩層樓的生活雜貨集散廣場。即使已經造訪了無數次，我還是對這裡的雜貨店深深著迷。這裡有平價的百圓雜貨，也有獨特的手作雜貨，文具或是廚房類的雜貨也都應有盡有。每當心情有點沮喪的時候，我就會來這邊挑個讓自己嘴角上揚的小雜貨回家，很神奇地，這些小雜貨像是有能量般，總能讓我的生活更加有動力。

南口還有一個讓我很喜歡的櫻花街道，櫻花樹下有著一整排的長板凳。不管是不是櫻花盛開的季節，我都喜歡坐在這邊看著來來往往的人們。夏天的時候，當地居民很喜歡在這邊一邊聽音樂，一邊喝啤酒。春天則是賞櫻花，秋天看銀杏。冬天的時候，不知為何，這個擺滿長板凳的街道，會讓人有種置身巴黎街頭的錯覺，也許是周圍法式氛圍的商店特別多的關係吧？

Trainchi
jiyugaoka

要是遇上櫻花盛開的季節，那真的是浪漫得不得了。只要買一杯熱呼呼的咖啡坐在長板凳上，打開咖啡的蓋子，櫻花瓣就會像是粉紅色的雪花般，輕輕地飛舞到咖啡杯裡，變成獨一無二的「自由之丘粉紅精靈熱咖啡」。

一直到很後來我才知道，自由之丘直到一九三二年才正式有了「自由之丘」這個名字。因為一九二七年，日本教育家手塚岸衛在這邊創立了傳達自由主義的「自由之丘學園」的緣故。也是一直到後來我才知道，小時候讓我愛不釋手的《窗邊的小荳荳》一書，原來就是以自由之丘的小學為故事舞台寫下的。

而在這一不小心就會讓生活有點緊張的都市生活，自由之丘對我來說變成一個像是「重新啟動鍵」一樣的存在。即使我現在已經不住在自由之丘站隔壁站，還是會時常找時間回去拜訪。去看看我的女神是否安好，去古桑庵喝杯茶，到熊野神社去抽支籤，然後再帶個小雜貨回家。在這個小小的溫馨的車站，我總能找回初到東京時，那個充滿幹勁的自己，還可以溫習尚未搬到東京前，我對東京充滿的無限憧憬。

然後，在櫻花樹下用力地深呼吸。我就會覺得自己的心在自由之丘，重新獲得了自由。

東京各地鐵線風格

有陣子因為要搬家找房子的關係，拜訪了幾間不動產公司，也上網查了許多資料。然而無論是不動產業者，或是身邊的朋友、長輩，一聽到我們要搬家，祭出的第一個問題不是「為什麼你們要搬家？」而是「接下來想搬到哪一區」、「有沒有堅持要住在什麼電車沿線上？」看著他們認真的眼神，好像我們從A區搬到B區，或是從A線搬到B線，人生就會產生巨大變化，不好好思索一下的話，最好不要輕舉妄動。

「你知道即使只是換條電車線，人種就會完全不同這件事嗎？」我連續在三個不同年齡層的日本人口中聽到這句話。一開始覺得很納悶，回想起住在倫敦的時候，居住的地區以倫敦市中心向外展開的同心圓分為六區，而只要搭上電車離市中心越來越遠，會發現當地居民的人種真的明顯地轉變，白人、黑人、黃種人、中東人的界限很清楚。然而，在外國人比例相對地沒有那麼高的東京，為什麼會有人種別的問題呢？

「我說的人種，是指收入、社會地位、氣質、價值觀不同的人的種類。」日本朋友笑著說。因為這個「人種說」實在太耐人尋味，讓好奇的我忍不住就踏上了東京沿線文化圈探索之旅。結果居然發現不僅在圖書館，可以找到各線居民分析的書，連網路上也有各種關於沿線人種的分類論，相當有意思。

自我感覺良好的東急沿線

東急沿線指的是東橫線以及田園都市線經過的區域，例如中目黑、學藝大學、代官山、多摩川、三軒茶屋等站都算是東急沿線車站。據說因為東急集團操作有方的關係，人們對於這兩條線的印象就是「非常高級」、「居住了許多名人」。加上這兩條線都可以直通涉谷站，因此對於位於附近區域，但是需要轉車才能到達涉谷站的大井町、目黑、還有池上線就是有「更接近都心」的感覺。

不知道大家還記得由松島菜菜子主演，曾經紅極一時的日劇《大和拜金女》嗎？女主角神野櫻子即使必須時常吃泡麵果腹，也堅持要住在東橫線上的代官山站。其實代官山站只有東橫線單一條電車線通過，就交通上來說並不方便，不過這一站給人的形象就是非常高級。

我也特別觀察過，利用這東橫線以及田園都市線通勤的上班族們。只要電車越是靠近涉谷，上車的ＯＬ們的妝容打扮就會越時髦、越講究，不太確定現實生活中她們的經濟能力如何，不過感覺是非常在意外在形象的一群人。

我曾經認識一名價值觀與神野櫻子相仿的日本女生，每次只要出門，她從妝髮到鞋包都會非常講究，必定要一身的名牌衣物才肯踏出家門。雖然她住在一個靠近大井町線的車站上，不過每次出門或是回家，她總寧願花上二十分鐘走路到東橫線上搭電車。

「因為我覺得自己的氣質比較東急！很受不了大井町線上那些穿著打扮亂七八糟的乘客們。」她很理所當然地說。

我也聽說過，有人甚至以住在這兩條線沿線腹地的「世田谷區」、「目黑區」為榮。好幾次在自我介紹裡，看到有人特別強調自己是「不折不扣的東京世田谷區居民」。

時常也在日本人的對話中會聽到：「你就住在東急線上啊！住在東京很不錯的地方呢！」當然，東急沿線上的物價、房租相對地也比其他沿線高昂了。

東急電鉄 世田谷線 三軒茶屋駅
Tokyu Setagaya Line Sangen-jaya Sta.
三軒茶屋駅 Sangen-jaya Sta.
出口専用
Exit Only
PLAY TABLE "SANCHA" SHOP
JAVATEA

屬於浪漫文青們的中央線

中央線也是東京電車線中，個性非常鮮明的一條線。沿線經過的代代木、中野、新宿、高円寺、吉祥寺、阿佐之谷、西荻窪等，在「東京人最想要居住的東京站」排行榜中時常名列前茅。特別是從中野到吉祥寺之間，因為太搶手導致房屋租金不合理的高昂，但仍有不少東京人搶著要住。

如果是走進東京書店的旅遊書區，會發現單獨介紹中央線的雜誌書刊很多，因為沿線上風味獨具的咖啡店、餐館林立，怎麼逛都逛不完。在這條沿線上待上一個週末，或是參加一個地區性的小展覽、看場劇，就會覺得自己好像變身日劇主角，身上除了濃濃的咖啡香，也彷彿沾染了些許文青氣息。

曾經在一份JR東日本的發表的刊物上讀過，在東京有一群「死忠的中央線信徒」。他們因為太喜歡中央線了，所以不管生活方式如何改變，也一定要堅持住在中央線上。例如一個人住的時候就選住在吉祥寺、中野、高円寺或是新宿站，情侶同居或是結婚了就會搬到阿佐之谷或是西荻窪，而最後組了家庭、生了小孩後，因為需要更多空間的時候就會搬到稍遠一點的三鷹。原則上就是即使離東京都心越來越遠，也絕對不能離開中央線。

中央線沿線空氣之所以飄著濃濃的文青氣息，和居住在中野、高円寺、西荻窪，以及雖然不在中央線上，但地理位置很靠近的下北澤的文藝創作者特別多這件事也有一定的關係。許多自由作家、音樂創作者、攝影師、小劇團表演者等文藝相關工作者，也都喜歡住在中央線沿線。

堅持自己步調的都電荒川線、世田谷線

東京有兩條電車線，不管這個城市再怎麼樣地高度運轉，都堅持保持自己原有的步調。那就是僅存的兩條路面電車線車「都電荒川線」以及「世田谷線」。在觀光客看來，這兩條線因為氛圍和景色獨特而觀光意味濃厚，但是就住在沿線的居民來說，也就是他們平日用來通勤以及移動的交通工具而已。

住在都電荒川線沿線的居民，不管是穿著或是舉止，都有一種濃濃的昭和感，所以搭上這條電車線，總會有種時光倒轉的錯覺。這條線不只有電車速度慢、沿線各站生活步調慢，連遇見的貓咪都特別地慵懶。所以有不少人說，如果想要實際體驗村上春樹筆下東京下町的風情，一定要來體驗一下都電荒川線。

世田谷線比都電荒川線多了一點現代感，但同樣是個步調緩慢，讓人忘

記都心喧囂的電車線。與其他電車線車廂最不同的地方是，東京大部分的電車座位都是讓乘客面對面對座的，但就只有世田谷線的座位是正對運行方向。所以只要搭上這條線，幾乎所有人都不會盯著手機或是書，而是悠閒地欣賞窗外的風景。我時常看著世田谷線上乘客的表情就看到著迷了，他們看起來比起其他電車線的人多了一些從容，很像是導演小津安二郎電影中所描繪的，那些角色會出現的恬適表情。

剛到東京的時候，有日本朋友問我，會不會覺得日本是個文化非常單一的國家？因為大家有著類似的價值觀，也喜歡穿著和別人一樣的衣服，剪一樣的髮型。不過在東京住了一陣子，也離開東京到許多地方轉了轉之後，我發現這個看似民族性很一致的地方，其實還是藏有許多的不同，而這些微小的差異非常迷人，會讓人想要花上一輩子來細細觀察與體驗。

也許喜歡鐵道旅行的人們，就是這樣一步步地走上鐵道迷之路的也說不定呢！

施展幸福魔法的女僕咖啡店

在日本這個國家，是很容易產生幸福感的。

只要看過幾齣浪漫的日劇、讀過村上春樹的小說、翻過幾本純愛日系漫畫，走在日本的街道上，很容易被路上的一隻貓、穿著高中生制服的男女學生、透過落地窗透進飯店窗戶的早晨陽光，或者是一間藏在巷子裡、飄著香氣的咖啡店感動。

「就是這種感覺！就是這種幸福的感覺！」我時常從到日本找我玩的朋友口中，聽到這樣的驚嘆。這樣的情感投射就像是夢幻的粉紅色泡泡，可以把日本的一切無上限美化，在自我陶醉下被幸福感層層包圍。

還有另外一種幸福感，雖然也需要一點想像力，但是比起讀小說、聽日文歌或是看日劇等可以更快進入狀況，只是需要花點錢。例如去便利商店購買期間限定的甜點、在車站的自動販賣機買一罐只有冬天販賣的熱可可、去當紅的時尚餐廳外排隊，或者去藥妝店試用最新款的唇膏顏色。

當然還有一種幸福感，和上述兩種完全不同。就是走進明信片般的大自然，盡情享受當地的水、空氣與芬多精。和當地的人聊上兩句，然後帶著一身的從容回到都市。

總之，在東京，幸福感是唾手可得的。人們可以自由切換不同模式，用自己喜歡的方式去得到想要的幸福感。

飄浮著粉紅泡泡的異世界

在某次的採訪中，我看見了另外一種得到幸福感的方法。

那次的採訪是在秋葉原，受訪的對象是一間頗有人氣的女僕咖啡店。因為我不是動漫迷，對於秋葉原的宅文化也沒有什麼特別的研究，所以對於女僕咖啡店雖然充滿好奇，但實在無法想像身為女生，如何在這樣的地方獲得心靈的滿足感。

但就在我推開愛麗絲夢遊仙境般的超現實大門後，徹底對它改觀了。

推開了掛著蕾絲窗簾的粉紅色玻璃門，在門後等著接待我們的，是一個活脫脫像是從漫畫書中走出來的女孩。

「歡迎大家來到夢幻國度，現在先幫你們辦護照喔！」女孩燦爛的笑容馬上就把大家都融化了，那一本可愛的護照可以讓我們在夢幻國度停留一小時，要價三千五百日圓。

「歡迎回家！」領了護照之後，幾名長相可愛的女孩在入口處一字排開。對於男客她們一律以「主人」，而女客則是以「大小姐」來稱呼。咖啡店內有許多階梯，女僕們會刻意壓低著身子和大家說話，幫我們取下外套掛好後，一路叮嚀小心腳步，然後一邊帶領著我們就座。

接著就是點餐。在女僕咖啡店裡，看起來很一般的蛋包飯和果汁價錢並不便宜，但是每個餐點都會附加「變美味的魔法」服務。所謂變美味的方法，就是女僕們會在蛋包飯或是飲料上幫客人畫上指定的圖案，然後唸咒語對食物施展魔法。

用完餐點後則是讓人最開心的遊戲和表演時間。女僕們會邀請店內所有的客人一起玩遊戲、拍照。客人們只要付費，也可以指定喜歡的女僕到舞台上面表演。不知道是女僕們的笑容太燦爛，或者是長相太可愛，還是太有活力了，我覺得整間咖啡店的瞬間就充滿了粉紅色的滿滿幸福感。

「好像走進漫畫書裡面了一樣，真的太幸福了！」我忍不住在採訪筆記

裡面寫下了這句心得。

一個小時很快就過去了，女僕們送我們到門口，依依不捨地與大家合照道別。而除了我已經採訪完準備回去辦公室外，其他的客人們則是回到門口排隊的行列裡，準備再一次地重返夢幻世界。我計算了一下，從護照到餐點還有指定表演的費用，一個人每次進場大約要花上六、七千元日幣。這個不知道該說是高價或是廉價的超現實幸福感，卻使得那麼多人深深著迷。

說也奇怪，只是在女僕咖啡店待了短短一小時的我，竟然感覺累積了好一陣子的生活和工作壓力都瞬間消失了。而且那種情緒高漲的莫名幸福感，讓我整整三、四天都無法忘懷。偶爾想起來，居然還會想要偶爾再去拜訪一下。

是因為那句溫暖的「歡迎回家」，還是她們一直掛在嘴邊的「大小姐」，或者是充滿朝氣的啦啦隊式的歡呼讓我著迷了呢？我想，大概是一種可以暫時擺脫現實，迪士尼般的超現實幸福感吧！

廁所女神

到日本的第二年，有一首日文歌引起了我的興趣，就是植村花菜的〈廁所女神〉。因為歌名很有趣，我便找來仔細聽了一下。

歌詞是在描繪一個女孩與奶奶之間的情感。大意是女孩小時候從奶奶那邊聽到了關於把廁所打掃乾淨，就能變成美人的故事。從那之後，她每天都會很認真地把廁所打掃得亮晶晶。後來女孩長大離家，和家人的關係變得疏離冷淡，一直到奶奶病重了才又回老家。最後雖然奶奶過世，但是關於奶奶所說過的「廁所女神」的故事，卻一直留在女孩的心底深處。

這首歌我反覆聽了很多次，咀嚼了歌詞中的意涵，才意會出藏在歌詞中的，日本人獨特的生活哲學。

當我還住在台灣的時候，是個不折不扣的生活白痴。雖然會做一些簡單的家事，但是我總是可以把房間弄得一團亂，對於收納這件事也完全沒天分。就算是小學畢業後離開家去到寄宿學校，依然故我地過著愛賴床、不到最後

一秒絕對不從枕頭上抽身的生活。上了大學、開始工作後，依然我行我素，尤其是待在出版社當流行雜誌編輯的那段時間，雖然工作很忙碌，但是對於怎麼管理時間這件事倒是非常隨興。

關於紀律這件事，我從來就沒有認真思考過，甚至還一度覺得，堅持過著有紀律生活的人相當無趣。直到去了英國唸書，我的生活節奏才有機會獲得重整。

拖著行李箱從我那幾乎看不見地板表面的台灣房間離開後，我在英國的生活過得很精簡，主要是因為沒有多餘的錢可以買東西，想到倫敦是暫時落腳的城市而已，生活也就過得極其簡單，簡單到只要有筆電、電鍋，還有幾套能保暖的衣服就夠了！而我多出了許多空間、時間，開始體會到極簡生活帶來的效率與好處。每天多出來的時間，我會把房間的窗戶擦乾淨，打掃得一塵不染，然後給自己泡一杯茶，感到無比的幸福。

在英國生活了一陣子之後，當時還是男友的枝豆搬到我和台灣朋友一起承租的公寓裡，他熱愛整潔的程度，讓我們幾個女生都自嘆不如。每天早餐後，他一定會用純白色的毛巾將自己的頭髮整齊地紮起來，然後從廚房、浴廁到公共空間都認真地打掃過，接著才開始一天的工作。到了好不容易可以睡到自然醒的週末，他也會在固定的時間起床，比起平日更加認真地打掃。

「因為家裡有灰塵的話，是會把幸福趕跑的喔！」他一邊認真地說著、一邊綁頭巾的樣子，好像是要展開什麼神聖的儀式。

在他的影響下，我的生活漸漸地有了轉變。我開始過起規律的生活，一開始雖然覺得有一點點辛苦，但是漸漸地發現規律的生活不僅讓我的心裡變得踏實，健康狀況似乎也慢慢地獲得改善。就像是〈廁所女神〉的歌詞裡面提到的，當我把廁所或是房間掃得晶亮的同時，那些讓我心裡煩躁的小事也一併被清除了。打掃完畢之後，我時常到附近的超市買菜並且帶回一小束鮮花，然後在乾淨的環境、愉悅的心情下開始我的一天。我覺得自己的表情漸漸變得柔和不焦躁，沒想到只是打掃而已，就能達到由內而外淨化的作用。

「謝謝妳每天認真打掃喔！因為妳的用心我們才有如此舒適的環境。」

「謝謝妳把衣服疊得這麼整齊，打開衣櫃的瞬間，我的心情都好起來了！」

「感謝今天的大太陽，把我們的被單曬得暖烘烘的，有太陽的氣味！」

這些生活中看起來微不足道的小事，枝豆總是會一一地、慎重地道謝，而他說這些事的時候，總是一臉洋溢著幸福的模樣。

「原來幸福就藏在這些小細節裡面呀！我怎麼從來沒有發現過呢？一定

是我的房間角落老是沾滿了灰塵吧！」我想起枝豆說的，灰塵會趕跑幸福的理論。

在日本，看到鄰居在打掃街道、清潔人員認真地清理車站的階梯，或是走進乾淨漂亮的大樓或是公共洗手間時，我總是會心中充滿感謝。因為這些人日復一日辛勤地打掃，才會有這麼舒適的環境。感謝的同時，我也忍不住覺得自己住在這個地方好幸福。

只是一個轉念，就能讓原本覺得麻煩的事情變得充滿幸福感，我覺得這就是日本人很獨特的生活哲學。村上春樹所說的「小確幸」，其實就藏在這些生活的小細節裡，真正的幸福和自由，其實是源於自律的生活。

「おばあちゃんがこう言った（奶奶對我說）

トイレにはそれはそれはキレイな女神　がいるんやで（廁所裡住著一位美麗的女神喔）……」

每當我打掃家裡時，總會忍不住地就哼起〈廁所女神〉這首歌，心裡很有共鳴。不管會不會像歌詞說的「打掃乾淨了就會變美人」，但我總覺得在那一瞬間，幸福女神就已經降臨在我家了。

超市的階級

在東京，人們試探彼此的方式是很迂迴的。

在台灣，即使開門見山地問對方的薪水、房租、家中的坪數等問題，也是稀鬆平常的事，但是在東京可行不通。這樣過於直接且不經修飾的問法，往往只會在對方心中留下糟糕的印象，而且相信東京人也不會願意正面回答。

若是想要知道對方的經濟能力或是價值觀，就必須要從對方居住的區域、地鐵路線、家中格局、工作的產業類型或是定期繳交的保險費用和稅金去推敲。不過還有一個更自然的問法，是我在某個小劇場裡面學到的，那就是「詢問對方最常使用的超級市場」。

「東京的超市是有分階級的」這件事，是我在一齣小劇場的表演中學會的。那齣劇的劇情非常簡單又寫實，描寫一群住在東京的主婦如何在「我時常拜訪的超市」日常對話中暗中較勁。

「果然買菜就一定要去成城石井呀！只有在那邊買到的漢堡排，我家的

大洋のたこ
いか
あじ

小孩才願意吃！」A主婦說。

「雖然價格稍微貴了一些，但我還是堅持要去紀伊國屋超市買生鮮呢！不知道成城石井的高麗菜一顆多少錢，我在紀伊國屋買到的一顆平均七〇〇日幣，但我覺得物超所值。」B主婦笑道。

「哎呀！其實我現在已經不大去這些連鎖超市買菜了呢！我喜歡到一些講求自然、產地直送的有機生鮮店舖買食材。因為我已經是常客了，所以只要有當天送到的新鮮蔬菜，店長就會立刻打電話通知我呢！」C主婦顯然贏了這場戰役。

當下聽到這些對白時，我只覺得生動有趣，但是和我一起觀劇的枝豆，以及在座的觀眾們全部都哄堂大笑，直說：「太貼切、太寫實了！」

從小劇場離開後，枝豆還停在剛剛的劇情中，忍不住直誇：「這齣劇的編劇簡直就是天才，完全掌握了日本人的思考邏輯。」

「因為日本人就是對物價極度敏感的民族，加上東京的超市真的是有分階級的，一顆高麗菜在每個超市販賣的價錢都不會一樣。像是成城石井超市一般只會出現在百貨公司地下街，或是比較高級的住宅區內；而時常到紀伊國屋超市消費的人，絕對都是年收入非常高，對於食材預算較多的家庭。而產地直送的有機蔬果店，根本就只能在非常高級時髦的住宅區才能存活得下去。」他分析道。

來到日本之前，我對於物價並沒有那麼敏感，自從在日本定居後，因為自炊的機率增加，我也開始在家裡附近的超市中比價了起來。就如B主婦所說的，同樣都是高麗菜，即使大小差不多，賣相也不會相差多少，但是某些超市只要三〇〇圓就能買到的高麗菜，在紀伊國屋超市就是要價七〇〇圓。這中間整整差了兩倍多的價錢，也許就代表著兩個家庭的年收也有兩倍的差距。

我並不是貴婦主婦，雖然偶爾也會有想犒賞自己和枝豆的時候，而到高檔超市尋找食材，不過平時最常拜訪的還是庶民等級的便宜超市。庶民超市和高檔超市最不同的地方，就是「一定會有集點換現金機制」，以及「星期幾特惠表」。也許是庶民主婦比起貴婦主婦更需要精打細算，庶民主婦會特別挑選「點數兩倍的日子」大量消費。而通常這種點數兩倍的時間點，就會是星期二、三、四的白天，顧客人潮比較少的日子。「星期幾特惠表」也非常有趣，幾乎每家庶民超市都會訂定自己的優惠表，例如星期一是炸豬排特惠日、星期二是肉品特惠日、星期三是冷凍食品六折日……等。而為了省錢的主婦們就會按照特惠的日子去採購，不僅主婦省下了荷包，超市也更能有效率地讓商

新鮮青果
産地・商品に記載
玉葱大玉
本体価格 158円
(税込 171円)
新鮮青果
北海道産
じゃがいも
本体価格 100円
(税込 108円)
新鮮青果
群馬県産
洗いごぼ
本体価格 100
(税込 108
新鮮青果
千葉県産
泥さといも
本体価格 100円
(税込 108円)
新鮮青果
千葉県産
にんにく
本体価格 100円
(税込 108円)
新鮮青果
産地・商品に記載
アーリーレッド
1袋
本体価格 100円
(税込 108円)
新鮮青果市
玉ねぎ
1袋
本体価格 100円
(税込108円)
新鮮青果
長崎県産
新じゃが
本体価格 100円
(税込 108円)
新鮮青果市
人参
本体価格 100円
新鮮青果
千葉県産
さつま芋
100円
108円

品在賞味期限內順利流動。

為了加強庶民主婦對於自家超市的忠誠度，超市時常會釋出期間限定的優惠措施，大多是當天消費可打九五折的折價券。一開始我並沒有把它當一回事，直到枝豆和周圍的主婦朋友、甚至是超市的收銀員都叮嚀我要好好善用折價券，我才發現，原來「善用折價券」也是身為庶民主婦的初階基本技能之一。

當貴婦們在踩著高跟鞋，優雅地在播放著水晶音樂的高級超市採買時，庶民主婦們極有可能正在「限時特惠」的激戰中廝殺。記得曾經在《蠟筆小新》卡通中看過，蠟筆小新的媽媽時常要趕在限時特惠時間去搶優惠食材。我也在家裡附近的超市門口見過同樣的畫面，每到週一早上的限時特惠時間，就會看到許多主婦踩著腳踏車飛奔向超市，然後用一種必死的眼神，快速地把商品丟進籃子裡。剛到日本時，我也趁亂加入了搶購行列，前幾次居然都沒有搶到任何東西。畢竟比起這些資深主婦，我的道行還不夠。

喔！還有一種特殊的超市類型，只要說出來，對方就會在心中將你貼上「這個人單身、沒有車、下班時間可能很晚，以及對食物不太講究」的標籤，那就是緊臨車站出口的超級市場。通常這種超市是提供給「只需要方便省時，並且天天利用電車通勤」的人使用，但是因為地點好的關係，價格也不會特別便宜。來這樣的超市消費的顧客，通常是下班後想給自己買個簡單的便當，或是隨手帶回冷凍食品果腹的人。庶民主婦還是寧願騎著腳踏車，到那種雖然有點偏遠、但是便宜又能提供不錯食材的超市去消費。

所以，想知道自己在東京的階級如何，思考一下自己時常拜訪的超市，大概就能在排行榜之中，推敲出自己的生活水準落點在哪了。

東京都市傳說

「我跟妳說喔！只要在吉祥寺的井之頭公園一起踩過天鵝船的情侶，最後一定會莫名地分手喔！」就在某次我問了枝豆要不要趁著櫻花盛開，一起到吉祥寺公園野餐賞花，順便在那邊踩個天鵝船時，他給了我這樣的答案。

當時我覺得那只是一個推託的藉口而已。

「只因為吉祥寺離我們家有點遠，加上踩天鵝船這件事情他沒有興趣吧？」我心想。

存在於東京這個都市的傳說不少，撇開那些有點靈異或是恐怖的傳說外，兩個和戀人相關的傳說，就是「井之頭公園的天鵝船」以及「東京鐵塔的點燈」了。而有趣的是這兩個傳說恰恰好相反，據說一起在井之頭公園踩過天鵝船的情侶一定會分手，而一起欣賞過東京鐵塔熄燈的情侶則是會永遠在一起。

「真是無稽之談呢！那如果先一起去井之頭公園踩了天鵝船，晚上再一起去看東京鐵塔熄燈呢？」我問枝豆。

「總之，這個傳說太可怕了。我不要跟妳一起去！」

雖然說當時的我完全不相信這個都市傳說，但事後回想，我曾經和三位不同的女孩一起拜訪過井之頭公園，雖然只和其中一個人一起踩過天鵝船，但是最後卻莫名地和她們三位都失聯了。

在東京，因為交往的朋友不是那麼多，仔細想想，已經完全再也不聯繫的真的就只有這三位。每次想到這件事，我都會忍不住想起井之頭公園的傳說。

和一號女孩失聯的原因至今我仍想不明白。她是一位到日本交換學生的女孩，不僅求學態度認真，而且個性相當可愛好相處。我們因為很談得來，所以相約探索過東京不少景點。當時枝豆拒絕了我的吉祥寺賞櫻提案後，我便約了她一起拜訪井之頭公園。當天我們兩人都很用心地準備了便當，野餐後還一起踩著天鵝船欣賞沿著公園湖岸盛開的櫻花。當天的景色非常浪漫非常美，讓我至今都忘懷不了。但是在那不久後女孩就回台灣，雖然我們互相留了 e-mail，但我卻再也聯繫不上她了。

每次想起與她在東京一起度過的時光，我都會想起井之頭公園湖面上的花伐。雖然是很美的回憶，但回憶終究只能重播，不能再繼續了。

二號女孩與三號女孩，是我在不同工作場合分別接觸到的女生。這兩位都有個共同點，就是「個性非常浪漫」。這也是為什麼我們會一起拜訪吉祥寺的原因，因為她們對於吉祥寺都充滿了無限美好的想像。對我來說，吉祥寺有美麗的公園，有許多溫馨可愛的雜貨店、下午茶店，還有可以買到便宜藥妝店的商店街。但是對於她們來說，吉祥寺比較像是一種「信仰」或是一種「生活方式」。「好想住在吉祥寺」、「只要心情低落，來到吉祥寺一定可以再度振作起來」，這就是吉祥寺派信奉者會說出來的話。

至於為什麼再也無法繼續當朋友，因為我發現「浪漫」這個元素，放到工作裡面有時候是很要命的。因為浪漫所以拖延、因為浪漫所以過度情緒化、一定要到吉祥寺才會有靈感……不得已終結了工作上的合作關係後，我就很少再有理由和機會去拜訪吉祥寺了。

關於另外一個「一起看到東京鐵塔熄燈，就可以永遠在一起」的傳說，就無從驗證起了。不過有好一陣子，我和枝豆加入了一個六本木的付費圖書館會員。每天我們都會一起在圖書館工作或是唸書到終電時刻，所以一起看到東京鐵塔熄燈的機會倒是不少。我時常看著他認真工作的表情都會心想著：就算傳說不是真的，我也希望能跟這個人，一直一起在這個城市努力下去。

至於井之頭公園的天鵝船，在我的心裡已經默默地變成了一個切斷緣分的神社般存在。如果是我很喜歡的人或是朋友，我不會想再和他們約在那裡。因為就算只是毫無根據的都市傳說，我也不想再冒這個風險了。

雨天的秘密

我是來到日本之後，才開始愛上雨天的。

你一定會覺得很奇怪吧？下雨天就是濕濕悶悶的，拿著沾濕的雨傘上了電車總是讓人感覺困擾。如果待在室外倒是還好，但只要進到密閉空間，空氣中彷彿就會彌漫著那種抹布沒有擰乾的臭味。究竟雨天有什麼好的呢？

一開始我也是極度討厭雨天的。只是在東京這個城市待上一陣子之後，我發現雨天其實藏了好多小驚喜。而這些小驚喜在晴天是看不見的，就像是那種裝了熱水才會浮現圖案的杯子一樣，東京也藏許多秘密，需要雨水來解開。

第一次覺得雨天真好，是因為咖啡店的一杯熱可可。

某個下雨天，因為工作跑到淺草去採訪。在日本工作實在很害怕遲到，所以每次的採訪，我總會提前半個小時至一個小時到達目的地，先勘察一下附近的景點，然後在約定時間的五分鐘前再去拜訪受訪者。

所以每次我都會先在採訪地點附近找間咖啡店，順一下當天的採訪內

容，順便當作探索新景點。

我記得當天雨下得好大，即使我已經穿上了厚毛衣還有防潑水外套，進到咖啡店內還是忍不住地打了哆嗦。大概是雨水沿著臉和脖子滴到身體裡面去了吧！

「外面很冷吧！今天下雨天限定，熱可可打七折喔！」店長看著狼狽的我，露出了暖暖的微笑。

咖啡店的入口貼了一張手繪的「雨天優惠」海報。

「好幸運啊，遇上下雨天！那請給我一杯熱可可！」我把圍巾摺好放在椅背上，自己也覺得很奇妙，居然說出了「下雨天好幸運」這句話。

店長遞給了我一大杯上面還有可愛拉花的熱可可。巨大的馬克杯下面墊著的，是看來很像手工編織的毛呢茶杯墊。我坐在窗邊的位置，一邊聽著店內播放的法文歌曲，一邊欣賞著雨滴打在窗台的模樣，突然感覺下雨天有那麼一點可愛。

第二次再度喜歡上下雨天，是因為百貨公司的購物袋塑膠套。

如果下雨天有在日本購物過的人大概都知道，只要遇上下雨，店員就會在給客人的手提紙袋外面，再套上一層防水塑膠袋。第一次拿到套上防水塑膠袋的購物袋，就被這份小貼心感動了很久。不過大家是否也覺得好奇，如果是一般路面店，店員隨時可以掌握外面天氣，若是看不到外面街景的百貨公司專櫃呢？

有一次也是因為採訪，我到了日本橋的新光三越百貨。當天因為遇上下雨，所以陪著我一起採訪的公關告訴了我一件有趣的日本百貨豆知識。

「啊～～外頭下雨了！妳今天有帶雨傘嗎？」在百貨公司內採訪到一半的時候，公關先生突然問了我這個問題。

「出門時看了氣象報告，所以帶了傘，因為日本的氣象報告一向都很準確呢！不過您是怎麼知道外面下雨了呢？」我東張西望，當下我們四周連一扇窗戶都沒有，也完全聽不到外面的雨聲。

「偷偷告訴妳一個小秘密喔！是因為現在正在播放的音樂！」他做了一個豎起耳朵的動作。

「這就是給店員們的暗號喔！只要一聽到這首歌曲，店員們就會立刻知道外面下起雨了，所以就會幫客人們的購物袋加上防水塑膠袋。而且呀！小雨、有點大的雨，以及傾盆大雨都會用不同的音樂來做暗示。這麼一來，店

がおいしい
VegePon!
#雨が降るから
野菜がおいしい
VegePon!
Oisix旬の野菜セットプレゼント中!
しくは べじほん
ホン
ホン
Oisix
Oisix
Oisix
Oisix

員也可用下雨這件事，拿來做為和客人閒聊的話題呢！」他笑著說。

「天哪！這個點子也太貼心了！而且非常非常的有趣！」我都還記得自己當下的激動心情，在腦海中瞬間閃過好幾首和下雨天有關的歌曲。

後來只要遇上下雨天，我都會特地跑到百貨公司裡面去。一邊躲雨一邊聽聽百貨公司放了什麼樣的音樂，也偷偷觀察店員們的表情。這是我在東京的下雨天，給自己找的小樂子。

隨著在東京生活久了，我漸漸地發現在這個城市裡，下雨天的貼心服務隨處可見。例如ATM提款機一定會附上專門掛傘的小掛鉤，地下鐵的候車座位也會有可以放置長柄傘的凹槽設計。某些商店，還會在下雨天的時候特別贈送造型可愛的傘套。我記得有次六本木之丘的購物中心就在梅雨季特別推出一系列，與屋上有機農園合作推出的蔬果傘套，分別是茄子、蔥。以及紅蘿蔔造型。我還特別為了收集全系列的傘套，分別在三個不同的下雨天跑到六本木之丘去溜達。

在我很喜歡的自由之丘站，有一間雨傘專賣店。雖然平常我大多是使用便利商店的透明傘，因為可以看清楚前後方的來車，加上我實在太常把傘搞丟了，這種經濟實惠的傘掉了總是比較不心痛。但是每次經過雨傘專賣店，我還是會忍不住進去逛逛，看看店家推出了什麼樣的新設計。

自由之丘的這家雨傘專賣店總共分為三層樓，一樓販賣非常輕巧、可以塞在包包隨身攜帶的摺疊傘。有些傘甚至只有九十九公克，強調晴雨兩用，非常適合通勤的ＯＬ們。二樓和三樓則是分別販賣女士與男士專用的傘，我總覺得從這些傘的功能和外貌大概就可以看出會想把它們買回家的人的性格。有兩種傘我特別喜歡，其中一種外觀是全黑的傘皮，但是傘內卻是繽紛活潑的圖樣，讓人一撐起傘就會有明亮好心情的設計。另外一種，則是沾到雨水就會跑出圖樣的傘，有些圖樣是彩虹、有些圖樣是太陽、有些則是城市的街景。我覺得這兩種傘都非常幽默又溫馨，就像這個城市藏有的雨天小驚喜一樣，讓人覺得就算是遇上下雨天，也別有一番樂趣。

大概是這個城市，也住著不少喜歡雨天的人吧！只要走進雜貨店，就可以挖掘到不少雨天專用的可愛小物。雜貨店內販賣的不只有雨衣雨鞋、防水披風而已，還有設計可愛的包包和鞋子專用雨套，以及摺疊傘和水壺的防水套。雨鞋也有做成可以摺疊起來放進公事包的超迷你設計，非常貼心。而且這些雨天專用小物，色彩都特別的繽紛。有時候我反而會覺得，比起晴天時大家穿著黑色西裝、一片黑壓壓的模樣，下起雨的時候，大家紛紛穿上紅色、黃色、藍色等雨衣，反而更像是為城市畫上了一道彩虹呢！

說到這裡，我忍不住又期待起雨天來了呢！期待雨天的特惠熱可可、播放著雨天主題曲的百貨公司，還有更多也許我還沒有發現的、雨天專屬的小小美好。

母女的東京女子旅

在懷孕即將滿八個月的時候，我和媽媽在東京進行了一場為期兩週的旅行。

這場旅行對我意義相當重大，因為這是我成為媽媽之前，最後一次單純以女兒的身分和媽媽一起這樣親密地旅行了。旅行途中我們不停地聊天，聊我小時候的事、聊媽媽小時候的事、聊我離開家以後的事、聊我們截然不同的人生觀、聊一些生活上的瑣事。

也聊了我們對於「家」的想法。

小的時候總覺得媽媽不懂我，我也不懂媽媽。即使我是媽媽懷胎十個月生出來的孩子，但是我們卻長得一點也不像，喜歡的東西也相差了十萬八千里。我的媽媽很務實，印象中她總是像蜜蜂般地為了張羅我們的生活忙碌著。

小時候家裡環境不好，對媽媽的記憶就一直停在一間破舊的、沒有窗戶的廚房內。記得她總會一邊炒著菜一邊說：「再等等、再等等，將來我們一定會搬到一間乾淨漂亮的房子，那個房子有好大的廚房，還有好大的餐桌，到時

候我們就可以一起圍著餐桌愉快地吃飯。」

媽媽每天重複地說著她的夢想，而這個夢想（就硬體方面）也沒有讓人等太久。在我小學六年級時，我們搬離了那間破舊的木造房子，換到一間明亮的大房子。然而當時我的兩個哥哥已經離開家，到寄宿學校生活去了。媽媽為了償還房貸總是早出晚歸地忙碌著，而我時常一個人坐在一張有著大桌子、空蕩蕩的廚房內發呆，回想著媽媽所說的「一起圍著餐桌愉快吃飯的夢想」。

那是第一次我實際體會到，實踐夢想的難度。

剛開始在東京生活的時候，我住在一間很小的房子裡。那間小房子有著一間大約一坪大的廚房，我在那一坪大的廚房內，體會了持續每天料理三餐有多令人煩心。

「要用最經濟實惠的食材做出最營養的料理，最好是時常做變化，料理的順序應該是這樣，冰箱內的豆腐再不料理就要過期了⋯⋯」我時常一邊做菜時，一邊出神想著別的事，魚就焦了、湯也糊了，然後情緒就在那個只有一坪的小星球裡崩潰爆炸了。

直到某一天，我發現自己肚子裡面有了個小生命，突然間想起媽媽的背影，然後我的心情居然不可思議地變得平靜了起來。

「再等等、再等等，很快我們就會搬到一間有著大廚房的房子去，在那邊我們可以圍著餐桌愉快地吃飯。」我在廚房內複誦著這句像是擁有魔法的台詞，和自己說，也和肚子裡面的寶寶說。

說也奇怪，三個月後房東突然寄了信給我們，說他想把房子賣了。我和枝豆不得不開始積極地找房子，兩個月後我們就搬到了一間有著明亮大廚房的房子去。然後就在搬好家後，我邀請媽媽來東京的家玩。我和媽媽肩並肩在大廚房內一邊聊天一邊做著飯，然後我忍不住想起了媽媽的夢想，而偷笑了起來。

終於媽媽不忙了，終於我的生活也安定下來了，「一起圍著餐桌愉快地吃飯」這個夢想終於可以實現了。

也許是因為即將要變成媽媽，我發現自己突然變得坦白了起來。旅行的途中，我向媽媽告白了一直忍住沒說的秘密。

「其實我從小就一直想要離開家，離得越遠越好。但不是因為不愛你們，只是覺得我必須和家保持一個安全舒適的距離。同時我總覺得心中有太多無解的問題，而我需要出走去尋找答案。」

原本以為媽媽聽了這番話，會生氣或是難過。沒想到媽媽居然說：「我

懂呀！因為我也是這樣的，從小就一心想著要離開家裡。外公外婆和我有著完全不同的價值觀，也不願意我與外界接觸，但是越是這樣，我就越忍不住想逃走。」

接著我和媽媽就像朋友一樣地打開了話匣子，我說從我離開家到英國、接著又到日本，遇見了哪些奇妙的人事物。媽媽也和我分享她十九歲離家後，一個人到台北生活的酸甜苦辣。我一邊帶著媽媽搭乘東京的公車和地鐵，一邊述說我在東京的生活，媽媽瞇著眼睛像是聽我說故事一樣微微地笑著。

我想起從小到大和媽媽的爭吵並不少，價值觀也天差地遠。媽媽老是搞不懂我為什麼要提著行李箱，跑到一個沒去過的陌生國家唸書、工作，最後還嫁給一個外國人，從零開始學習當地的文化與習慣。

但我們終於在旅行途中發現彼此的共同點。其實我和媽媽都一樣，都是忍痛地剪斷了與家相連的臍帶，才有機會找到了真正的自己。而我也終於明白，其實是因為背後一直有媽媽默默支持，我才能不怕跌倒地，走得那麼遠。

若不是即將要成為媽媽，這些話也許永遠不會說出口。我也永遠無法體會，媽媽雖然和我完全不同，卻和我永遠有著隱形的臍帶相連，是我人生最棒的旅伴這件事。

小時候總覺得媽媽太務實，不夠浪漫。我說長大我想寫很多文章，也想寫寫小說，媽媽劈頭就問：「那妳靠寫文章養得起自己嗎？養得起自己的小孩嗎？」也記得好幾個晚上我跑到媽媽的床邊，告訴她外星人就要攻打地球，而且就要把我們所有人都綁架回火星了。媽媽只是要我停止莫名的幻想，快點去睡覺。

「明天媽媽還得早起工作呢！讓我好好睡個覺吧！」

我時常在心裡面抱怨媽媽老是愛潑我冷水，也漸漸地不太和媽媽分享我腦袋裡面那些不切實際的想法了。然而就在我和媽媽的東京女子旅即將結束的時候，媽媽提出了想要看耶誕點燈的想法。

「好夢幻！好美哦！好像城堡呢！」看著媽媽像是小女孩開心地旋轉著，我彷彿看到了不曾看見的、媽媽天真浪漫的另一面。

在準備成為媽媽的過程中，我發現自己也經歷了許多想法上的轉變。對於時間以及金錢的規劃，瞬間都變得實際了起來。

而就在這一刻我總算是懂了，一個人的務實，有時候其實是為了成就另一個人的浪漫。

這一趟與媽媽的女子旅，有著超乎我預期的滿滿收穫。旅行結束後，我即將要迎接一個與我臍帶相連，也許有著完全不同想法的新生命到來。我沒有自信自己能成為一個好媽媽，也沒有自信能給寶寶一個完美無缺的家。

但我有一個小小的奢侈願望，希望我的寶寶有天也會和我一樣，覺得「此生生為媽媽的小孩，真是太好了！」

下次和媽媽兩人單獨的東京女子旅，可能要等我的孩子都長大之後了。但願那時候在這個都市，我已經可以變成獨當一面的媽媽，換成媽媽好好地依賴我了。

Chapter

02

東京不思議

分秒必爭的東京人

「涉谷站到了，想要轉乘JR山手線、銀座線的旅客……」當我還沒有從擁擠的人潮中回過神，車內的廣播也還沒有結束，就已經被人群推擠到月台的出口了。當時還沒有iphone手機的我，手裡緊緊捏著一張日語學校的地圖，趕緊移動到月台外的報攤附近去避難。然後隨著月台內的嗶嗶聲響起，剛剛才用力吐出大批乘客的超長電車，這下又像老菸槍般地，狠狠地吸入了大量的人潮，往反方向離開了。

我看了看手錶，這個像是災難片的經歷也只不過上演了三分鐘，但我確實已經徹底地被震撼。從車站二樓的地方往下看去，是知名的涉谷站前八公尺十字路口。但我覺得行人移動的速度很不自然，彷彿是被按了快轉播放鍵的影片一樣。

來到東京這個城市之後，我的手錶居然莫名地就壞了。也許是它趕不上這裡的速度，我只好再買一只新手錶，然而它似乎比我原本的手錶還要快上許多。每次看著手錶的秒針，我都會想像著它被大批人群用力往前推，氣喘吁吁的模樣。

經過一番折騰終於來到日語學校之後，還沒來得及喝口水喘口氣，上課的鐘就響了，而我在東京的趕時間生活也正式開始。

「啊！這就是東京啊！」

東京帶給我震撼的，不只有忙碌的電車以及路上快速移動的人群，還有與我在倫敦一起度過悠閒生活整整四年的枝豆。回到東京之後，他整個人突然像是被上緊發條的兔子，每天都在和時間賽跑。對於時間使用方式的不同，也讓我們的生活上起了一些衝突，同時也鬧了不少笑話。

例如從家裡到車站的時間必須算得很精準這件事。在東京，電車的時刻表是非常精準的，據說新幹線的時刻表還是以秒為單位來標記的。枝豆為了節省上班通勤的時間，租了一間靠近車站、快跑到站只需要三分鐘五十秒腳程的房子。然而這個三分鐘五十秒是以他自己的腳程來計算，依照我的速度至少要花費五分鐘以上。若是當天我和枝豆一同出門，一路上便要上演「兔子拖著烏龜快跑」的戲碼。好不容易快跑到車站後，還要瘋狂地衝上樓梯，搶在電車門關上前完美地達陣。

SANKYO
カラオケ
JOYSOUND
デリケアM's
サマーギフトセンター開設中
フライトリング フェア開催中
BOSS
JR

「請問你很趕時間嗎？」我滿頭大汗、氣喘吁吁地問枝豆。沒想到得到的回答卻是：「沒有呀！但是下一班電車進站的時間是三分鐘之後，我實在不願意浪費那寶貴的三分鐘呀！」

來到東京之前，我從來沒有很認真地想過三分鐘可以做哪些事。尤其在倫敦，公車晚個十分鐘到達根本就是家常便飯；在台灣和朋友約會，朋友若遲到五分鐘、十分鐘也不是什麼罪大惡極的事。然而在東京的三分鐘，顯得特別珍貴，不容虛耗。就枝豆的真實案例來說：三分鐘，可以在便利商店買好泡麵，然後在結帳處打開包裝注入熱水，蓋上杯蓋快步回家，打開後剛剛好可以享用。我還看過他出門前的三分鐘穿著西裝、揹著後背包，在家裡超狹小的玄關處做起了伏地挺身。

「因為下一班電車是七分鐘後才來，我有多餘的三分鐘可以用來消除體脂肪呢！」

若是下班時間和枝豆差不多，才是讓我最緊張的事。為了可以從不同的車站轉乘同一班電車回家，枝豆總是會先查好精確的電車時間，然後以簡訊告訴我：「幾點幾分，我會在前往橫濱方向的第六節車廂的最前面的位置等妳。」每次和朋友提及此事，大家都覺得很不可思議，簡直就像是好萊塢電影中的毒品交易橋段，但這就是我在東京生活的真實片段。

充實的週末時光

除了生活上的小事外，和日本朋友聊天時也能體會出他們對於時間的重視。對於初次見面的朋友，除了稍微自我介紹外，最容易被問到的問題便是「週末都在做些什麼？」

我回想了一下在台北、倫敦、東京三地的週末都在做些什麼。在台北的時候大多是和朋友見面吃飯、看電影、逛逛書店。在倫敦的時候週末大概就是去看展覽，或者往戶外跑。然而在東京的週末，我真的沒有什麼太深刻的記憶。也許是週一到週五的緊張感已經消耗掉我所有的力氣，導致週末時我只能癱在沙發上不停地發呆，然後發呆完再認真地規劃下一週的料理採買清單，以及讀書、工作計畫等等。

而日本朋友的週末則比我充實多了。「週末我在當救生員，因為想做一些和平日工作內容完全不一樣的事」，或者是「週末我在當義工，因為可以認識許多有趣的人。」也有人週末去上外語課、料理課或是手工勞作課的。對於他們來說，週末去做些和平日工作不太一樣的事，就是最好的充電和休息了。

東急リバブル
0120-055-109
東口出て左へ
川崎センター
モアーズ1階
出口
TOKYU HANDS
東急ハンズ川崎店
DICE
東口より徒歩3分。
川崎ダイス5F
川崎大師
東口方面
for East Exit

「因為動腦的時候，身體就在休息了呀！而身體在勞動的時候，腦袋不也正在休息嗎？所以只要腦袋和身體交替使用，那麼就已經獲得足夠的休息和充電了！」的確，如果是換上這個想法，好像就不覺得時間總在背後推著我前進了。畢竟是自己的寶貴時間，想要怎麼運用真的要好好規劃才行。

回想起日本人的時間使用方式，也難怪他們設計的手帳本總是會以十五分鐘為單位設計。氣象報告也是以每小時為單位，告知人們幾點鐘哪一區會開始下雨。若是隔天宣布會有颱風，許多日本人甚至寧願不回家，選擇在公司附近的飯店住下，深怕隔天電車停駛或是延遲導致上班遲到。看到日本人對於時間的斤斤計較，我雖然一開始有些抗拒，不過也漸漸適應了。現在雖然還是追不上旋緊發條的兔子，但我的身體內似乎內建了一個全新的超級瑪利快跑鍵，必要的時候就可以用盡全力衝刺。

至於三分鐘的有效率使用法，我目前能想到的，大概只有在等車的時候簡單地做個眼球體操吧！

怕麻煩的郵便局

剛到日本時，我時常跑郵局。離家裡走路約十分鐘的地方有一間小小的郵局，裡面大概有八個職員。剛開始我一句日文也不會，只能用英文加上比手畫腳與他們溝通。若只是簡單寄送個郵件到日本其他地區倒也沒什麼問題，但一旦我要寄送包裹到日本以外的地方，總會在郵局內引起小小騷動。

「請問這裡面是什麼東西？」一向臉上掛滿微笑的女職員皺起了眉頭。

「要送給朋友小孩的娃娃，熊造型的娃娃。」我在白紙上畫了一隻簡單的熊。

「那請問熊的身體裡面裝了什麼？有沒有電池呢？」她拿起包裹稍微搖了一下。

「沒有電池，只是一般的棉花填充玩具而已。」

「不好意思，請讓我們拆開檢查看看好嗎？」

女職員一邊拆開了禮物包裝，一邊詢問身邊同事們關於寄送小熊娃娃到加拿大的事。所有人都放下了手邊的工作，大家圍成一圈，同樣地皺起了眉頭。

最後一個看起來像是主管的男性職員把我拉到一旁小聲地說：「因為我們是地區性的小郵局，沒有處理過寄包裹到加拿大的業務，這次的小熊我們可以試著幫妳寄送看看，但若是被退回或是被沒收的話，必須由您自己承擔風險。這樣也沒有問題嗎？」

我點點頭，看著因為處理我的業務而導致大排長龍的郵政業務櫃台，帶著罪惡感離開了郵局。離開的時候，我感覺背上像是被貼上了「麻煩的外國人」標籤。

繼「加拿大小熊事件」之後，郵局的人似乎已經記得我了。每次我拎著包裹走進郵局內，總會感受到櫃台人員的不安。後來我在台灣朋友的請託下，寄送過雜誌、茶葉、衣服，還有小家電。寄送小家電那次讓郵局的職員們討論了非常久，還查了中日翻譯字典、郵政業務規章等等，最後他們派了一個年輕的男生來傳話。

「關於將家電寄送到海外服務，已經超過小郵局的業務範圍了，所以我們希望您能到規模較大的地方郵政總局去寄送。離這邊最近的郵政總局大約搭公車十分鐘就能到達，我想他們能很快地作出正確的判斷。另外，因為我們這

小江戸茶屋
手造り 納豆
辛せんべい
辛羊かん
〈その他諸々〉
辛ようかん
小江戸茶屋
辛せんべい
郵便
POST

家郵局幾乎沒有外國人來訪，很少處理海外業務，將來若是您需要寄送包裹到海外，請盡量使用地方郵政總局。」

抱著小家電擠上了公車，心中揮不去的是「我真是個麻煩人物」的罪惡感。還好郵政總局作業態度非常爽快，簡單問了內容物就快速收件了。在那之後我對於寄送包裹有了很深的厭惡感，但陸陸續續還是有不少朋友要求我幫忙寄送日本的文具、彩妝品、生活用品回台灣。

當我敘述起在日本寄送包裹是多麼大費周章的一件事，可以理解的人並不多。

「不過就是把東西拿到郵局，付錢寄出而已，哪有什麼麻煩的？」

夾在害怕被麻煩的日本人，以及完全不怕麻煩別人的台灣人中間，我感受到了巨大的文化差異，還有左右為難的壓力，這也讓我有機會思考關於「怕麻煩」背後所暗藏的意義。

怕麻煩的背後

日本人是非常害怕麻煩別人的民族，同樣地他們也害怕被別人麻煩。至於在日本人的心中是以什麼標準來定義「麻煩」（日文中稱麻煩為「迷惑」）

呢？舉凡上班遲到、業務拖延，小至揹著後背包上電車、在公眾場合打嗝或是補妝、感冒卻沒有戴上口罩，或者明明知道要開會卻還吃了有大蒜或是韭菜等重口味的食物等，都算是沒常識，並且給別人造成麻煩的行為。

我曾經因為「帶便當」一事而被日本主管約談。她告訴我，日本人的便當都是以「打開的瞬間，不會有任何味道飄出」為基本原則。而我的便當味道過重，建議我改變菜色，或是把便當帶到公園等比較空曠的地方再吃。

回到家後我疑惑地問枝豆，他說確實日本的便當藏著許多學問。也笑說以前只要班上誰帶了餃子便當，大家就知道那個人和媽媽吵架了。因為在日本人心中，餃子是不可能出現在便當中的「超重口味食物」。（還好日本沒有臭豆腐啊！）

在東京住久了，漸漸習慣了日本人的標準。相較之下，台灣人有多麼不怕麻煩別人呢？每次家人朋友們來到日本，總是看他們帶著一張長長的託買清單，從藥妝、限定商品到電器一應俱全。其實有些商品並不是那麼好找，而且在忙碌的旅行中還要東奔西跑、仔細比價，時常聽朋友抱怨：「我真的很不想幫別人買東西，但是實在無法拒絕呀！」到最後行李箱裡面往往有一半都是別人託買的東西，行程一半的時間也花在幫別人買東西這件事上，搞得一趟難得的旅遊變得烏煙瘴氣。

開始在日本生活後，時常收到來自各方的請託，真正和自己親近的親友反而不多。大多是早就沒有聯繫的朋友、曾經在工作上有過幾次交集的人、國中同班過卻沒有說過話的同學、突然冒出來的遠親。而請託的種類五花八門，從要借住我家一週、請我幫忙寄家電到飯店、幫忙寫日文作業、翻譯電器用品說明書、幫忙安排一週自由行行程、幫忙買各種演唱會和球賽門票、幫忙和日本客戶聯繫、幫忙訂餐廳或者當隨行口譯導遊等等……剛來日本的時候，我曾經因為無法拒絕而接下這些請託，最後弄得自己的生活一團亂，搞得對方也不甚滿意，最後就乾脆統統拒絕。

其實日本人的怕麻煩，雖然讓人感覺冷漠，但含有謹慎的意味。也因此，日本的社會秩序井然、街道乾淨、商品品質高值得信賴，只是少了一些溫度。而在台灣人的不怕麻煩裡，有著濃濃的人情味，也有因為隨便而造成別人困擾的地方。兩種文化都各有利弊，而我也在一次次的經驗中學習調整自己。

在連續搭公車跑了兩年的郵政總局後，有天因為狂風暴雨加上公車延遲，我又厚著臉皮抱著包裹再回到到那家好久沒去的小郵局。現在我可以用較流暢的日文與職員們溝通，用日文填寄送單，在他們提出疑問前，先提出「這個物品我從郵政總局寄出多次，每次都有順利到達，所有寄送遺失或是沒收風險由我自己承擔。」的說明，他們也很滿意地收下包裹。

擺脫「麻煩的外國人標籤」真是一條漫長也艱辛的道路，但所謂「入境隨俗」，就像從靠右駕駛的台灣來到靠左駕駛的國家一樣，換個腦袋、換個思考角度是必要的。

松本整形外科
〒

遇見百分百拉麵

「到日本玩，一定要吃拉麵啊！」記得還沒搬到日本的時候，每次出發去日本旅行前，總是心心念念。

在玩了一整天，天色都暗下來之後，隨興找一間有幾個上班族在門外排隊的拉麵店。即使看不懂菜單，只要依照圖片按下按鍵，投入日幣千圓紙鈔，然後把車票般的小餐券交給店員就好。

當時的我從來不覺得拉麵好吃，要不就是覺得湯底太鹹太油、要不就是麵太硬太粗，或者是湯濃稠到讓人無法大口喝下。總之我一點也吃不出藏在拉麵之中的奧妙，只是覺得推開拉麵店的木頭拉門，接著把外套和後背包往牆上吊鉤一掛，跳上吧台，學日本人大口吃麵，是一件很有「日本在地感」的事。加上不需要和店員交談，一個按鍵就能搞定點餐，非常適合外國旅人。

真心開始喜歡拉麵，其實是我在東京居住了三、四年以後的事了。

枝豆非常喜歡拉麵，一週至少要拜訪一次拉麵店。記得我們剛從倫敦回到東京的時候，他興高采烈地帶我拜訪了一家位於原宿，他很喜歡的九州拉麵「じゃんがら」。當時我們甚至是一下飛機，就拖著大行李箱興匆匆地跑去，看著久久沒回東京的枝豆大口滿足地吃著拉麵的模樣，我突然感覺寂寞了起來。

對當時的我來說，那就是一碗很普通的細麵拉麵，湯頭有點炙燒口味，非常鹹，我只吃了一半就放下筷子。

「不喜歡嗎？」枝豆問我。

我有點失落地點點頭。

「沒關係的！總有一天妳會與命運中的拉麵相遇的！」這句話當時我完全不能理解，心中暗想：拉麵不就是那幾種口味嗎？到底要去哪邊找到我喜歡的拉麵呢？

接下來的三年多，雖然沒有遇上讓我打從心底真心喜歡的拉麵，但我還是抱著實驗的精神，每週拜訪一家拉麵店。從外國觀光客喜歡光顧的「一蘭」、「無敵家」、「六厘舍」、「一風堂」吃到東京巷弄內，當地人在吃的隱藏版拉麵店。每次到東京以外的地方旅行，例如北海道、青森、仙台、大阪、

九州甚至是沖繩，我也都會安排一餐去品嘗當地拉麵。最後我總算是吃出了一點點心得。比起粗麵條我比較偏愛細麵，用蕎麥製的手打麵最對我的口味。豚骨湯底確實比較油了一點，醬油的湯底若是少了鮮甜蔬菜佐味就會顯得單調，魚介類的湯底若是和鮮美的雞湯搭配得比例完美的話，就能讓味蕾留下深刻的印象……當然，美味的溏心蛋，火候與厚度控制得恰到好處的叉燒，以及入味濃郁又有嚼勁的筍乾也是拉麵的靈魂。

漸漸地，我開始懂得自己的拉麵喜好，也越來越享受去拉麵店的時光。我和枝豆時常拜訪同一家店，但是依照自己的喜好點了完全不一樣的東西。交換吃了對方的麵之後總是會驚嘆，同一家店也能做出截然不同的口味。

有一次我們選在冬天拜訪了北海道，決定要在當地大快朵頤一頓。北海道的拉麵多半是味噌或是海鮮湯底，搭配北海道特別鮮甜的玉米蔬菜，還有冷到教人發抖的天氣，那真的是絕品。我們有時候一天忍不住就吃了兩碗，得到的結論便是，天氣要夠冷，拉麵才能展現出它原有的實力。

後來我吃拉麵吃上了癮，甚至會一個人跑去探路找好吃的拉麵店，然後等枝豆有空時再帶他一起拜訪。有兩家摘下米其林一星的拉麵店都讓我非常難忘，其中一家是位於巢鴨的「蔦」。蔦的拉麵湯底是由雞骨、蛤蠣、北海道昆布以及三重縣的秋刀魚熬煮而成，口味深沉但是不油膩。麵條則是由栃木縣的小麥製成的細麵條，口感很有彈性。搭配棉花糖口感的超軟溏心蛋，以及口感細緻的叉燒一口咬下，會有種真心想要感謝拉麵師傅的感動。這家拉麵店因為太受歡迎，我整整排了兩個半小時的隊才吃到這碗夢幻拉麵，但這兩個半小時的等待非常值得。

另外一家讓我深愛的拉麵店，同樣摘下過米其林一星，位於學藝大學站的「麵處びぎ屋」。由於位置離市中心比較遠，所以每次到訪時，排隊的客人並不多。

以前我一直以為醬油拉麵的湯底都很單調乏味，直到來到這家店，才驚豔「柚子白醬油」湯底可以這樣地讓人驚豔。這家的麵條是Q彈清爽的蕎麥細麵，麵量比較少的原因是，師傅希望大家可以同時品嘗店內的明星菜單「釜炊魩仔魚飯」。拉麵店的叉燒也給得很大方，但是因為切得夠薄加上料理得宜，一點都不會造成胃的負擔。

曾經對於拉麵無感的我，現在卻成了拉麵控。如果有朋友問我推薦的拉麵清單，我一定會先問過對方喜歡什麼樣的湯底、什麼樣的麵條、怎樣的配料和口感，甚至是店的氛圍，才會給答案。就像名牌衣服不是穿在誰身上都好看一樣，有名的拉麵店也不見得可以滿足每個人的味蕾。找到那家適合自己的百分百拉麵店，才能感受到師傅在湯頭以及麵條上所下的苦心。吃下肚的不只有一麵入魂的用心，還有暖暖的、讓人心滿意足的幸福感。

東京尋房記

看著六十箱裝滿雜物、書籍的紙箱、家具、電器用品總算一一地被搬進新家裡，我終於可以稍微喘口氣，暫時地癱軟在沙發上了。

高中畢業離開寄宿學校之後，我有過幾次的搬家經驗。在台北大概就搬過五次家，在倫敦也搬過三次，雖然在東京目前只有兩次搬家經驗，不過每次都能讓我領教到在東京找房子的重重困難，兩次的找房過程中也都遇見了許多讓我感到不可思議的事。

在東京，與其說是「由你來挑選喜歡的房子」，倒不如說是「目前的狀態，決定你可以住什麼樣的房子」。我和枝豆從英國回到日本之後，就開始積極地找房子，不過在尋找過程中卻碰了一鼻子灰。首先，我們先在喜歡的車站附近繞繞，稍微參考了一下不動產店門口張貼的出租廣告，看到符合預算的物件，就直接走進辦公室內詢問。

當時我們一心只想找個離車站不會太遠、夠兩個人住的房子，好不容易

看到了一間喜歡的房子，接著問題就來了。

「先生目前剛從英國回到日本，還沒有就職，目前存款不多。太太則是外國人，接下來將到日語學校上課一年，所以暫時不會有收入……」房仲業者的眉頭漸漸深鎖，然後像是吐煙般悠悠地說：「實在是非常抱歉！這樣的條件，是很難說服房東把房子租給你們的呀！」

當時枝豆一邊參加工作面試，一邊繼續搜尋房子，日文不好的我則是一點忙都幫不上，只能在一旁乾焦急。幸運的是枝豆他的工作一週內就定案了，這次再去找房子就稍微順利了一些，終於有一間不動產公司的資深專員願意打電話問問房東能不能讓我們面談，最後終於租到了我們在東京第一個落腳處。

搬進新房子，另外一個挑戰又來了。空蕩蕩的屋子裡面，什麼都沒有，不僅所有家具和電器全部都需要自行購買，就連電燈和窗簾都沒有。我們趁著下班下課後，把所需要的物品買齊，但因為家裡玄關太小，一直找不到搬得進房的雙人床，還靠著紙箱和薄被打了半個月左右的地舖。

第二次搬家，我以為有了第一次的經驗應該可以輕易上手，不過又有了新的問題要應對。第一，我們得把住了整整五年的舊家，打掃得像一開始入住時的乾淨狀態，才不會被扣押金。而乾淨的狀態指的是，連牆壁上的任何小孔都需要補到原本的狀況。第二，這次因為我懷孕了，所以必須找到願意租給有幼兒家庭的房東，最佳選擇是隔音良好的非木造房、左鄰右舍家剛好也有三歲以下幼兒的公寓，加上必須考量預算和住家周邊的機能性，找房子的難度就更高了。

後來我發現，在東京找房子，有幾種人最容易遇到困難，分別是：外國人、沒有固定職業、沒有存款、家中有小孩或寵物，還有需要練習樂器的人。通常租賃廣告單上都會清楚標記，但我也遇到了幾次看房時，房屋仲介知道我懷孕了，就直接說這間房子可能並不適合我們而告終。

《房仲女王》在生活中真實上演

雖然在東京找房子的過程中，遇上了種種困難，但我也因此對日本人所秉持的「誠信」原則更加印象深刻。在搜尋房屋的過程中，房仲業者會再三確認房東和住客各自開出的條件和需求，再進行媒合，以避免雙方認知上的差異。對於不夠滿意的房子，房仲業者也不會勉強。每次看房之後，房仲業者總是會細心地詢問許多問題，好幫房客規劃出心中真正的理想房屋藍圖。

其實在第二次找房子之前，我們對於理想中的房屋模樣也很模糊。直到

熱心的房仲小哥耐心地帶我們看過許多房型，也聊了很多關於我們的生活習慣後，才找到完全符合需求的房屋。真的就和日劇《房仲女王》裡面演得一樣，我們最後找到的不單只是一間硬體設備完善的「房子」，而是一個符合自己生活形態的「家」。

在介紹房子時，房仲業者也不會只顧著敘述房屋的優點，對於房客可能在意的與車站的距離、周遭有沒有超市或是商店街、鄰居的狀態等等，也會詳細說明。對於發生過事故的房屋，房仲業者也必定據實以告，那樣的房屋通常租金會特別便宜。雖然有點恐怖，但是在網路上可以查到整個事件的詳細始末，租屋者可以查詢後再仔細考慮，究竟要不要租下那間房子。

也許是因為房東特別謹慎的關係，所以租屋上的限制也相對地多。但是想到至少可以租到讓人安心的房子，面對那些龜毛、不通人情的租屋條件，我也就坦然接受了。

事實上，在找房子以及搬家的過程中，我再度被日本人的敬業態度給感動。先說說房仲業者的部分，我們第二次找房時，遇到的房仲小哥簡直就是服務業之神。每次看房時見他總是提著大包小包，包包裡面放有室內拖鞋、摺疊雨傘、東京地圖、iPad、量尺，以及各房屋的平面圖和相關資料。對於每間房屋的狀態，想必他都是先做過完善的功課，對於垃圾該怎麼丟、房屋的管理狀態以及禮金、押金的計算對答如流。甚至在我們入住新屋一週還有一個月後，他都主動打電話詢問有沒有什麼居住上的問題，敬業的態度真的無可挑剔。

搬家公司的敬業態度也讓人印象深刻。只要上網填入所需要的紙箱數量以及家具的件數與大小，搬家公司就能立刻估算出價錢。而每個紙箱上都畫有可以填寫號碼、內容物和搬入房間的小空格。至於衣櫃中的所有的衣物，以及需要拆解的家具也都完全不必擔心。搬家公司準備了可以把衣服輕鬆移入的行動式衣櫃給我們，而家具的拆解工作也只要交給搬家公司就好了。一到新家，衣服就能快速地移動到新的衣櫃裡，而家具也都完美地被組裝安置好了，一個螺絲釘都沒有少。

家具移動的過程，搬家人員都是非常小心翼翼的。他們不僅在地上鋪了厚厚的地毯，也幫所有的家具都穿了像是泡泡襪般的外衣。所以不管是舊家或是新家，地板以及牆面上都沒有因為搬家而留下任何刮痕，家具本身也能以完美狀態到達目的地。這一切對於細節的用心，都讓我感到非常佩服。

至於在東京搬一次家得花上多少錢呢？根據統計，每次的搬家需要花上新房屋至少月租金的四到七倍價格。除了頭一個月的押金外，還必須支付房東禮金、仲介公司手續費、舊房東的清掃費用、新房屋的換鎖費用、搬家公司費用，以及送給新家左鄰右舍的伴手禮。在日本搬家真是一件勞心又傷財的事，沒事不能隨便搬家，所以對於找房子這件事就要更加謹慎考慮了。

不知道目前的新居住了幾年後，我們會不會又因為生活方式改變而不得不離開。不過我很滿意現在的開放式大廚房、日照良好的陽台與客廳，還有親切的鄰居。在下一次的尋房前，願我們一家三口能在這裡度過美好且充實的生活。

不喝酒可以嗎？

相信日本的喝酒文化，大家多少都有耳聞吧？

對於工作時很嚴肅、一絲不苟的日本人來說，酒精飲料就像是讓他們可以瞬間放下偽裝、暢所欲言的魔法水。好幾次在工作的餐會上，親眼看見幾杯生啤酒下肚就能讓平時不苟言笑的同事們瞬間變身搞笑藝人，開起沒限度的玩笑。而且隔天回到辦公室，沒有人會露出宿醉的表情，也沒有人會提起昨夜聚會談話的內容。

一開始我對這樣的落差感到很驚訝，但後來就漸漸地習慣了。日本同事說，這樣的飲酒會看起來也許就像船過水無痕，但是確實能拉近與會人們的距離。

也許聽起來很可笑，越是了解日本的喝酒文化後，我心中的煩惱就像滾雪球一樣的越來越大。因為在日本這個以喝酒做為社交手段的社會，我偏偏有著連聞到隔壁歐吉桑身上酒味都能醉到吐的酒精敏感體質。身邊不少人告

訴我：「沒關係！只要多加練習、多吐幾次就能進步了！」而我也就帶著這樣的期盼努力了很多次，中間也鬧了不少笑話。

「不喝酒？那就不能稱呼自己為社會人！」

這句話是一位年近九十歲的小泉先生告訴我的。

剛到日本時我每週都會到到家裡附近的区役所（類似台灣的市公所）報到，因為那裡提供免費的日語教學課程。在那邊我認識了許多上了年紀的義工，比起學習日文，從他們身上學習到的日本小知識更有意思。負責教導我日文的是個在啤酒大廠工作了一輩子的小泉先生，雖然年事已高，但是他的皮膚看起來非常細緻晶亮，整個人思路也很清晰，很有朝氣。

「因為我每天都喝酒養生啊！」

自從知道我想在日本工作後，小泉先生便語重心長地告訴我：「雖然日文也很重要，但是喝酒的能力也要培養，才能稱呼自己為社會人吶！」

「那不會喝酒的人該怎麼辦？」

「不會喝酒的話，就不能稱呼自己為社會人啊！」

見我面有難色，小泉先生突然熱血了起來：「沒關係！從今天起就由我負責來告訴妳關於酒的世界有多美妙吧！」

小泉先生沒有食言，接下來每週的日文課他很認真的準備了許多關於日本酒、啤酒製酒過程和歷史的書。從分辨吟釀、大吟釀的基本知識開始，到日本啤酒廠的歷史全都鉅細靡遺地教導我。就在課程告一段落時，小泉先生說：「下週就是實務課程了！我們直接前往酒廠實際練習吧！」

某個風和日麗的上午，我和小泉先生以及一群七十歲以上的老先生一同前往位於東京市郊的朝日啤酒廠。參觀完啤酒的發酵製作過程後，大家就可以開始品嚐啤酒。我只記得當時在座每位老先生都把啤酒當作汽水一樣一口喝乾，毫不費力。當然他們一邊喝，也一邊用期待的眼神看著我，以及我眼前的啤酒杯，我就學他們大口吞下了冰涼但是苦澀的啤酒……我只記得杯子很大，我喝了兩杯，之後的事情幾乎不太有記憶了。

等我回過神時，發現自己橫躺在電車的優先座席上。一群頭髮花白的老先生圍著我，有幾個人不停地用手帕擦汗。老先生們七嘴八舌地說：「這下怎麼辦吶！怎麼會這樣呢！不是才喝了兩杯啤酒而已嗎？」

睜開眼睛，我幽幽地吐出一句：「我不能成為社會人了，嘔～～～！」

「沒關係呀！妳已經盡全力了，我們都看到了！」小泉先生一邊摸著自己的心臟一邊對我說，平時紅潤的臉蛋已經嚇得蒼白。

やきとり

那次之後，小泉先生很少再提起喝酒的事。偶爾幾個老先生們會開玩笑地說，他們差點在電車上也被我嚇得昏過去一事，那之後我也不太再勉強自己喝酒了。

唯有喝了酒才能交換秘密

「不喝酒？那我們怎麼可以把秘密告訴妳？」

另外一次讓我印象深刻的喝酒經驗，是某次的女子會。由於女子會的時間是晚上，我想大概是逃不過喝酒這一關了，於是就先到便利商店買了幾瓶預防喝醉的解酒液，然後在晚餐時間前往神田站赴約。

其實參加女子會的人彼此都不太熟識，加上一個日文半吊子的外國人，剛開始很難熱絡起來。不過就在主辦人三杯調酒下肚後，她突然提議要玩「真心話大冒險」。

「接下來，我們每個人都要說出心中最暗黑的秘密喔！」她邪惡地笑了起來。

「既然是我提出來的！那我先說。其實我有一個已經交往了六、七年的穩定男友，不過我一點也不喜歡他。因為他的收入很不錯，工作也很被認同，所以我不會放手，但是我同時也和別的喜歡的男生交往喔！」主辦人說完，大口地喝完了手上的粉紅色調酒。

「好！那我偷偷告訴妳們好了。我最討厭鄉下人了，討厭到我希望從各地方連接到東京的鐵道全部都可以停駛，因為我也不會想到鄉下地方去。不覺得鄉下人來到東京，會把東京的空氣搞得很髒嗎？」

可怕的真心話大冒險遊戲終於輪到我身上。我實在不知道該說什麼好，只好說讓我再想想。結果主辦人突然指著我的杯子說：「妳根本都沒有喝嘛！這樣怎麼讓我們敢再說出自己的秘密呢！太狡猾了！」

女子會進行到快要午夜十二點，三位女孩已經呈現爛醉狀態，紛紛倒在馬路邊。我一邊要擔心自己搭不上末班電車回家，一邊要費九牛二虎之力把她們塞進計程車裡面。

解酒液對我好像沒有起什麼太大的作用，跳上電車後我突然什麼也看不見了。雖然在我家那一站下了車，但是一下月台後我只記得臉頰耳朵貼著地板的冰涼，電車轟隆隆行駛過的聲音，還有一個試圖要喚醒我的藍帽子人。

那一夜大概是我來到日本最災難的一夜，有陣子只要聽到「女子會」三個字都要忍不住打起寒顫。其實我真的不想要聽到暗黑的秘密，只想和其他人簡單喝個茶聊聊天就好了。

關於上述的案例還有很多，例如喝醉上車後緊拉著車上的吊環一直坐到終點站，或是出差取材和客戶小酌後在地下道腿軟站不起來。事實證明我即使練習了很多次，依舊是個與酒精無緣的人。

經過了諸多失敗經驗後，現在我已經不想再勉強自己了。參加飲酒會時，當大家說：「總之先來杯生啤吧！」我便會開玩笑地說：「總之我先來杯薑汁汽水吧！」席間我也會分享自己喝醉後的種種糗事，緩解那種「不喝酒很掃興」的氣氛。

只能說日本的喝酒文化一事真的是讓我吃盡了苦頭，也讓我了解到即使想要融入某種文化，終究有讓人無能為力的部分。接下來的飲酒會，就讓我用同樣閃著金黃氣泡的薑汁汽水與大家同樂吧！

小學生日報

「午安！新學期又要開學了，不知您府上的孩子已經從小學畢業了嗎？需不需要開始改訂《中學生日報》呢？」透過門口的對講機，朝日《小學生日報》營業員帶著滿臉陽光地說。

「啊！不好意思我想要續訂《小學生日報》，謝謝！」

剛到日本的第一年，我就開始訂閱朝日報社出版的《小學生日報》。一開始是因為我上的日語學校，老師要求大家每天必須上台分享一則新聞。我試過從報攤買了一般成人閱讀的報紙回家，雖然報紙上的漢字和中文有些相似，要猜出新聞的大意並不是那麼難。但是光是要查出每個字的發音、每個句子的文法，就得要花上整個下午或晚上的時間。若還要融會貫通後再用自己的方式發表給同學，就夠我每天筋疲力竭了。而且成人版的報紙，全版都是黑白色印刷。比起台灣彩色版的報紙，圖片少了許多、議題嚴肅了許多，我時常一翻開就開始頭痛了起來。

書き写しの朝日新聞
朝日新聞
天声人語
書き写しノート
7days
年　月　日　〜　年　月　日
氏名

「好想透過報紙更深入了解日本社會正在發生些什麼事，也好想快點可以和人談論一些社會議題。可惜現在的我就像是文盲，即使是翻開報紙，或是走進書店，就只能眼巴巴看著大家閱讀得津津有味的模樣。我終於懂得不識字的心酸了！」有一天我忍不住和枝豆抱怨了起來。

「這樣啊！那妳要不要從《小學生日報》開始挑戰看看呢！」他問。

「小學生日報！你說專門編寫給小學生讀的報紙嗎？我非常想試試看！」突然想起以前在台灣，小學的時候家裡面也訂閱過《國語日報》。當時我非常喜歡閱讀，報紙上標記注音的文章讀起來很輕鬆，而且分享了許多課本上沒有的知識。雖然記憶已經相當久遠，但我記得讀《國語日報》所得到的滿足感，和長大之後閱讀一般報紙所得到的快樂是不一樣的。

枝豆馬上撥了一通電話給家裡附近的朝日報社分部，從隔天起我的小學生日報生活就正式展開了。

還記得家中信箱第一次收到報紙的當天，我的心情就和小孩一樣地雀躍。它很薄，總共只有六大版，分別是由時事、日本地理歷史還有人物專訪或是新書推薦等內容所組成。不過和成人版報紙不一樣的是全版彩色印刷，就算是討論較為嚴肅的時事議題，也會以漫畫輔佐或是加上簡單易懂的註解，對我這個外國人來說非常有幫助。而日本地理歷史，則是以單元的方式呈現，每天都會有一位歷史人物、歷史事件登場，或者是單獨介紹日本某個縣的特色。人物專訪還有新書推薦也相當有趣，即使是專訪或是推薦，也是透過「小學生的角度」來分享，讀起來平易近人。我覺得很有趣的是，裡面有一群「小學生記者」，他們會在日本各地跑新聞或是採訪，然後把最有趣的資訊帶回給讀者。

有一次報紙裡面夾了一張關於「日本語檢定考試」的訊息。和特別設計給外國人參加的日語檢定考試不同，這個考試是設計給日本本國人，從小學到社會人士都可以參加的國語檢定考。雖然我很擔心會不會參加考試的都是小學生，但還是硬著頭皮報名了小學三、四年級程度的考試。結果考試當天，我後面的座位坐了一位小學一年級的小學生，前面則是坐了一位高齡八十五歲的老太太。看來除了外國人之外，想檢驗自己國語程度的大人，也是大有人在。

時間過得很快，訂閱《小學生日報》已經邁入了第四年。託這份報紙的福，我多了許多有趣的話題可以做為和日本人交談的題材，對於日本的文化也有更深入的了解。我時常和日本人談論起「我正在讀《小學生日報》喔！」他們雖然會露出很不可思議的表情，但是也會充滿好奇地問：「所以現在的

MacBook Air
天声人語
15
10
20
25

《小學生日報》裡面，究竟有著什麼樣的內容啊？」我不得不說，把《小學生日報》拿來做為閒聊的內容很不錯。

就在某天，報社的營業員又出現了：「請問您府上的孩子已經從小學畢業了嗎？要不要開始改訂《中學生日報》呢？或是太太您有沒有考慮訂閱成人版的《朝日新聞》呢？」

因為每學年都要被問一次，我決定當天就和他解釋清楚。

「其實《小學生日報》是我在讀的。」

他似乎嚇了一跳，倒抽一口氣，小聲地問：「是因為想要多了解小學生的想法嗎？」

「不是，是我的日文寫作目前還只有小學程度，想透過抄寫短文來練習寫作。」

「啊～原來如此！我建議天天抄寫『天聲人語』（類似社論的專欄）會進步神速噢！」他眼神突然閃著小學老師般的關懷。「好！我會試試。」

接著營業員說，可以贈送大人版的朝日新聞讓我試閱一週試看看。如果感覺沒有太大閱讀障礙的話，也可以考慮改訂一般報紙。

在日本待了五年時間，我知道自己早已經可以從《小學生日報》畢業了，但還是忍不住覺得它的內容真的精采。當大人的世界正在經歷天災、政治鬥爭、經濟不景氣時，它的頭版卻還是「哪一家便利商店的電燈泡吸引來最多蟲」的研究報告發表，有一種天真灑脫感。

在《小學生日報》裡，大人的價值觀會被重新洗牌。安倍晉三首相的重要性會排在妖怪手錶還有忍者亂太郎後面，不管世界再脫序，鹹蛋超人總會現身拯救地球。

所以，雖然知道大人的世界每天上演著許多殘忍與不堪的事，繼續著迷《小學生日報》中的內容有那麼一點奢侈，我還是忍不住會期待每天打開信箱，裡面躺著彩色的小學生日報，然後佐著清晨的空氣與朝陽，仔細閱讀每一個字的時光。

最完美的道歉

日本人大概是一個最常把「抱歉」掛在嘴邊的民族吧！在電車上，自己的包包不小心碰到別人了，大家都會很習慣性地道歉。擋到別人的路、聚餐時想吃掉盤子裡的最後一塊魚、要掛掉對方的電話之前，或者要比別的同事早下班，日本人一定會先在臉上堆滿充滿歉意的表情，一邊彎著腰一邊說著「抱歉」。甚至在路上也會見到一邊接電話一邊道歉的日本人，即使對方根本看不到自己，也會拿著手機頻頻彎腰鞠躬。

「當你可以把抱歉說得很自然，那麼在日本的生活就會比較順利了！」枝豆告訴我。仔細回想，來到日本之後，我向人道歉的次數變多了。不僅僅是工作上的電話或是電子郵件往來，與家人之間也時常互說抱歉。說著說著，變成了一種習慣。也因為常說抱歉，對於周遭的人事物變得比較敏感起來，時常思考自己的行為會不會對別人造成困擾，或者說話的內容是不是失禮。

在東京遇見的人大多是有禮貌的，所以只要自己不要太過失禮，通常都能得到禮尚往來的回應。不過，當我到某家公司上班後，才發現仍然有失禮到不可思議的日本人，也可以在日本社會理直氣壯生存的案例。

那家網路公司的老闆，是一位三十出頭的年輕男生，畢業於一流的大學，相貌堂堂，頭腦聰明，每天總是西裝筆挺，全身散發著一種人生勝利組的氣場。至於為什麼他年紀輕輕就有資金可以當老闆，是因為來自家中長輩的金援。

每次來到辦公室，這位年輕老闆總是呈現醉醺醺的宿醉狀態。和客戶約了見面，不是遲到就是爽約，每次總是搞得客戶非常生氣。對於員工的態度也很隨便，答應的事情老是隔天就反悔，工作合約漏洞百出，甚至薪水可以拖欠超過三個月。總之他的種種行徑，讓人忍不住對他的信任一天一天地減少。

這位老闆讓人最難受的一點是，他從來不為自己的錯誤道歉。但是一旦別人犯了一點小錯，他就一定得要到一個很鄭重的道歉，同時要讓對方感到嚴重地被羞辱，不然絕對不會善罷甘休。

某天老闆在網路上訂了一台筆電，在送貨人員把貨品交給他的時候，不小心手滑了一下，紙盒就這樣掉到了地上。

「你知道裡面是什麼嗎？是一台非常昂貴的筆電！」老闆相當火大。

「啊！真的是太抱歉了！非常抱歉！請原諒我的疏失。」送貨人員相當

緊張，馬上彎腰將紙盒撿起。

「你以為你賠得起嗎？把你名字給我！」看來老闆並不願意接受道歉，而準備要向快遞公司投訴。

只見送貨人員立刻跪倒在地上，將額頭緊貼在地面上，不停地說：「請原諒我吧！請原諒我吧！真的非常非常地抱歉！」

辦公室的每個人都驚呆了，任誰都沒想到，會在辦公室看到傳說中的土下座。那位送貨人員，一定是非常害怕丟掉工作吧？害怕到他可以完全放下自尊，去乞求一個人的原諒。

「噁心！」老闆丟下了這句話，理了理筆挺的西裝，就氣沖沖地回到他的座位上，快遞人員則是滿懷歉意地離開了辦公室。接著辦公室整個下午都彌漫著詭異的氣氛，雖然大家什麼都沒有說，但每個人的表情都很凝重。一直以來在辦公室受到言語暴力的我們，雖然並沒有被要求過土下座，不過那種為了一份微薄的薪水忍氣吞聲的卑微，大家都心知肚明。

隔天早上，某位日本同事突然就沒有來上班了。她寫了一封電郵給老闆，說是與這間公司價值觀相去甚遠，決定要離職了。過了沒多久，我也決定不再為那間公司工作了，因為每次只要推開辦公室的門，就會想起那位土下座的先生，還有那不爭氣地，被自己拋棄許久的自尊。

後來我去查了一下關於土下座的資訊，那是日本社會中最高等級的道歉方式，由道歉者把自己的姿態壓到極低，讓對方獲得被尊敬的優越感來取得諒解。以職場為題目的日劇《半澤直樹》以及《營業部長吉良奈津子》中，也見過下屬向上司祭出土下座的場景。我問枝豆，在日本人心中「土下座」究竟傳遞著什麼樣的訊息呢？枝豆則是跟我說，他們在小學時候時常在學校玩著土下座的遊戲，甚至還有一陣子日本很流行「土下座造型的扭蛋玩具」，讓大家可以互送給想要道歉的對象。不過隨著年紀漸長，進入職場之後，才感覺要對別人做出土下座，是一件需要完全拋棄自尊心，來乞求對方原諒和同情的事。

由工藤九郎所編劇的《謝罪大王》電影中，對於土下座有著非常精闢的描繪。劇中的主角是一位專業的「謝罪師」，這位謝罪師堪稱是位「絕對可以獲得原諒的道歉達人」。不僅可以用最完美的姿態使出土下座絕招，甚至還可以根據想表達的歉意的程度，祭出「讓自己頭破血流的土下座」、「愧疚到跳完電車變成幽靈再來土下座」等等絕技。雖然劇情非常誇張，但從中便可看出，有時候在日本社會想要取得原諒，單單只是口頭上的「非常抱歉」或是送上

謝罪禮物並不足夠，必須因應不同程度，用身體具體地表達出自己的歉意。

枝豆說，其實他也在職場上看過不少次真人上演的土下座，這對我來說簡直不可思議。但他說，有時候日本人真的會願意為了現實生活去放下自尊，大概覺得那樣做雖然讓人感覺悲憤，但至少還帶有一點捍衛自己工作的武士精神吧！

不過，我相信真正願意放下姿態去道歉的人，才是有資格得到尊敬的一方。老是把自己的錯誤視為理所當然的人，即使頂著高學歷、家世好的光環，即使穿著再光鮮的衣服、擁有好看的外表，終將因為虧欠別人太多的道歉，而損失更多寶貴的東西。

踏出了那間辦公室，我感覺腳步變得輕盈了起來。但也因為那樣的經驗，讓我更加努力地約束自己的言行。身為一個生活在日本的台灣人，且不論遇見的日本人能不能充分理解我們的文化，若是我自己犯了錯誤，必定會真誠地奉上一個完美的道歉。

三〇一號房的太太

終於要離開這間住了五年的房子了。

雖然是間非常小的房子，日照和通風也不是太好，但這間房子陪我度過了在日本生活的前五年，怎麼說都是有點革命情感的。房子離電車軌道很近，所以每天都會聽到電車呼嘯而過的聲音。我也時常挨著窗邊發呆，觀察著四季天空的顏色，還有景色的變化。

離開之前我和枝豆把房子的每個角落都仔細地打掃乾淨，打開落地窗讓它通風。一切看起來就像是我們五年前和它初次見面的時候一樣，雖然很小巧，但還是溫馨可愛。

「謝謝這五年來的照顧了！」我對房子說了一句很日劇的對白，然後再仔細地看了它最後一眼，揹上背包，關上門。

聽說房東要把這房子重新裝修並且賣出去，現在廚房、浴室甚至窗戶的模樣都會有變動吧？不知道會變成什麼模樣呢？

關上了沉甸甸的鐵門，我用最快的速度按下電梯離開了三樓，同時祈禱三〇一號房的女主人不要碰巧在這個時間出門。

我們搬離的這棟三層樓房子總共住了十二戶人家，每層四戶，比起大廈，人口非常精簡。不過這棟樓的住戶從來都不互相打招呼，也會避免一起搭電梯，因此即使住了五年，我仍不知道大家叫什麼名字，甚至不記得大部分的人的臉。

這之中和我最熟識的大概是三〇一號房的太太，但真要說熟識的話也稱不上，我拜訪過她家一次，不過從頭到尾沒見到房子內部的模樣，而且自從那次拜訪後，三〇一號房太太便再也沒再聯繫過我，甚至在路上遇見也不曾打過招呼。我只記得她好像五年前跟我自我介紹過，但是現在卻怎麼想也想不起她的名字來了。

剛搬進去三〇二號房不久，我們家的信箱就收到一張摺得很工整的小字條。當時是夏天，我很清楚記得小字條上印著紫色牽牛花的花樣，上面的字跡娟秀工整。字條的內容是這樣的：

「三〇二號房的太太您好！突然打擾真的很抱歉，首先歡迎你們搬到〇

PULL
+301+
カフェ
スタッフ
募集

○公寓來，我非常希望將來有機會能與您一起喝茶。附上我的電郵帳號，等您有空時請務必與我聯繫，謝謝！三○一號房○○敬啓。」

我把字條拿給枝豆看，他說：「這是一筆箋呢！看來應該是個很注重禮數的太太吧！不過在日本這種打招呼通常都只是客套一下而已，如果剛好出門時遇上就簡單打個招呼吧！不用太放在心上了！」當時我的日文程度太差，實在也不知道該怎麼回覆這張字條，所以把它摺好收進抽屜沒回覆。

時間很快就過去了。

我好不容易搞清楚家裡附近有什麼商店、前往各地的電車與公車路線。某天從日語學校回到家裡，打開信箱又發現一張摺疊得很整齊的字條，這次摺成了愛心的形狀。

「三○二號房的太太您好！天氣稍微轉涼了呢！希望你們都能注重保暖不要感冒了才好。上次寫了一封字條給您，不知道是不是沒有收到呢？因為實在很想與您喝杯茶聊一聊，所以又冒昧地寫了這封字條。請您務必告訴我有空的時間，我幾乎每天下午都會在家，隨時歡迎過來聊聊，畢竟我們就住在隔壁而已。附上我的電郵，期待您的聯繫。三○一號房○○敬啓。」

這次的一筆箋右下角是楓葉的圖案，已經秋天了。

「看來三〇一號房的太太好像不只是客套，很熱情地想邀請我過去呢！」我把字條拿給枝豆看後，他說：「不然妳也就回她一封電郵，跟她說謝謝您的邀請，有空我一定過去拜訪，然後找個時間送上伴手禮吧！」

我用簡單的日文回了一封電郵後，不到一分鐘馬上就收到回信。三〇一號房的太太顯然非常開心收到了回應，馬上問我這週的平日下午哪一天有空，她非常期待可以和我好好聊聊。

當時家裡剛好有一盒台灣家人寄來的鳳梨酥，我想說就送上鳳梨酥，順便介紹一下自己的家鄉，然後用簡單的日文加上英文聊聊天應該就可以了吧！所以爽快約好時間。

到了約定的下午，我帶著忐忑的心情按下三〇一號房的電鈴，祈禱可以在門口送上伴手禮以及自我介紹就結束這一切。然而三〇一號房太太一見到我，馬上很熱情的要我脫鞋進入她家。

那是一個大約六、七十歲左右、身材嬌小的老太太，戴著一副粉紅色眼鏡。不過進到她家後，她卻完全沒開燈，家中的窗簾也全部拉上，就這樣摸黑地把我帶到一張大桌子旁邊，然後在黑暗中遞給我一杯茶。

「妳吃過這個麻糬嗎？這是我們附近的名店賣的點心喔！」

我趕緊解釋自己是台灣人，日語說得不流暢，請她見諒。

「啊～台灣人呀！完全不要介意啊！我和我先生也在馬來西亞待過二十幾年呢！在國外生活一定很辛苦的，沒關係，接下來有什麼問題或是煩惱，妳都儘管問我就對了！」接著在黑暗中她問了我非常多問題，例如我和我枝豆是在哪裡認識的，枝豆的職業是什麼，我們雙方父母的職業等等。就在她看起來終於心滿意足地結束所有詢問的那一刻，我終於有機會咬了一口她給我的麻糬，就在此刻，她突然說：「不好意思，我先生要回家了，我得馬上準備晚餐，今天就到此為止吧！謝謝妳特地來拜訪。」

隔天我們家的信箱又躺了一張字條，還有一包塞在信箱口的煎茶。「三〇二號房的太太，謝謝您的點心，這包煎茶做為回禮送給您。另外我每週三都會在〇〇區役所擔任義工教外國人日文，如果有時間請務必參加。」

雖然隱隱約約覺得三〇一號房的太太有那麼一點詭異，但是就在某個週三日語學校放學後，我還是到区役所報到。

「請問這邊有一位叫做〇〇的女士嗎？」

「沒有耶！我在這邊當義工當了二十幾年，從來沒有聽過這個人。」櫃台的老先生抓抓頭回答。

後來我和朋友談論起這有點離奇的事件，朋友打趣地回答說：「其實妳根本就遇見鬼了吧！不開燈的老太太聽起來就很不對勁呀！」

某天，我在買菜的回程中又遇見三〇一號房太太。我舉起了右手準備打招呼，只見她推了推粉紅色的眼鏡，非常優雅的、把我當作空氣般、無視地與我擦身而過了。

「難道是我做了什麼失禮的事嗎？去她家拜訪那天我有穿襪子呀！鳳梨酥也沒有過期，還是我說了非常失禮的日文啊？」我腦海中太多疑問，回到家後立刻追問著枝豆。

「別想太多了！這是一個想太多就會活不下去的國家喔！倒是妳那種對人完全不設防，別人說了什麼就信的個性可能要改一改，在這個城市對人沒有一點防備，實在是太危險了！」枝豆說。

好幾個夜晚，三〇一號房太太的事件就這樣在我腦海翻騰著。答案就在那個與我隔著一道牆的房間內，也許她只是想要對我的背景多了解一點，或是單純地只是想捉弄我一下而已吧！

又在某個令我難忘的下午，打開電梯門我見到了三〇一號房的太太，以及一位推著嬰兒車的年輕女生。

「哎呀！正巧遇上妳！我女兒剛好生產完從美國回來呢！介紹妳們認識一下！」三〇一號房太太用一種過分熱情的態度摟住我的肩膀，然後對著她女兒說：「這是三〇二號房的〇〇太太喔！我和她感情非常好，時常互相拜訪彼此家喝下午茶呢！」

「謝謝妳平時對我母親的照顧，我人在海外不常回來，有您的陪伴真是讓我安心多了！」女孩溫柔地握住我的手。

那天的熱情小劇場結束後，我還在路上遇過三〇一號房太太不少次。沒有例外的，她總是戴著招牌粉紅色眼鏡，優雅地與我擦身而過，而我也習以為常了。只是後來我就養成了出門一定會仔細透過門上貓眼，確定走廊上沒有人才出門的習慣。在書店看見一筆籤、吃到麻糬，或是在路上遇見戴著粉紅色眼鏡的老太太時，總會忍不住地打寒顫，那是我心中一個長了霉卻刷不到的死角。

搬到了新家，陽光充裕、通風良好。雖然離車站遠了些、不便了些，有時還會被鄰居們熱情的問好給嚇到。不過我終於可以慢慢忘記三〇一號房那個陰暗的下午。

再見了！三〇一號房。

Chapter

03

東京人的溫度

再見請說三次

來到日本，我才開始學習生活中的諸多禮節。例如進門之前一定要先敲三下門、電話要在剛好響三聲的時候接起來，甚至說再見這件事，都得要認真地說三次才行。一開始我覺得日本人好麻煩呀！直到後來才漸漸體會，藏在「三次」裡面的細膩心意。

我和枝豆是在倫敦相遇的，我們同樣來自亞洲，比起和歐洲同學的相處，照理來說應該會少一點代溝。不過一開始單獨約會之後，才發現因為不了解彼此的文化背景與想法，時常發生溝通不良的狀況。

當時個性大剌剌的我，遇上了悶葫蘆般的枝豆，加上當時得使用英文溝通，總是一天到晚有誤會產生。

我們常會為一些芝麻蒜皮小事冷戰上好幾天，例如一些我沒有經過確實查證，就和他爭論的事，大至世界地理歷史、小至蔬菜水果的常識，只要我說得不對，他一定會在網路上或是圖書館找齊資料，做好十足的準備，再來

和我辯論。

當時我覺得這個日本男人未免也太認真了，但他則是覺得這個台灣女生說話完全沒有根據，非常令人難以忍受。

在我們的相處中，有一件事讓我印象非常深刻。

當時我和枝豆在同一間學校上課，若是一起下課，我們會一起吃飯或是到圖書館唸書，然後他再送我到公車站去搭車。每次見到公車來，我總是很快地說了再見之後，就快速跳上公車了。但有一天我不經意地從公車座位上回頭看，卻看到枝豆他半張著嘴，帶著失落的表情一直在對公車揮手。

看著他的身影越來越小，我心頭一驚。突然想起以前到日本旅遊時，溫泉飯店的服務員會在門口一直招手到遊覽車離開為止。我一直以為那只是日本服務業的基本禮儀，沒想到現實生活中，居然有人也是這樣謹慎地道別的。

「妳不覺得自己有一點冷淡嗎？」有天吃飯時，枝豆忍不住開口了。

「為什麼你會這麼覺得？」我問。

「三次！至少要三次啊！」

「什麼？」

「再見至少要說三次啊！」他很認真地，特別加強了「至少」這兩字的語氣。

「為什麼呀？你是說，我該說：『再見！再見！再見！』這樣嗎？」

「不是！是妳和我說了再見以後，要進公車門前應該再回頭和我說一次再見，等妳上車坐好後，透過窗戶再說一次。這樣的再見才完整啊！」

接著他又解釋，因為下次說不定就見不到，或是很久之後才會再見到，所以每次說再見，一定要很慎重地說三次才行。

這件事帶給我不小的震撼。一直以來，總是沒有太多情緒起伏、反應冷靜得近似冷淡的枝豆，居然覺得我冷淡。原來我們對於「冷淡」的定義相差甚遠，外放的熱情有時候並不能完整地傳達濃濃的心意，而內斂的表達方式其實也藏有不少細膩的心思。

後來開始在日本生活，我才知道「見送り」（日文的送別）在日本文化中是有著很深刻的意義的。透過一次一次、不厭其煩地道別，道出自己的依依不捨，在對方的心裡，一筆一劃地寫下自己的想念。這也許就是日本電影裡常描繪的，人與人之間的細膩情感吧！

從那之後，我每次和枝豆道別都會很謹慎地說三次。即使離開倫敦，結了婚回到日本，我也都牢牢地遵守這個「再見說三次」的約定。每次道別到第三次，都會看到枝豆揚起滿意的笑容，我也會忍不住跟著嘴角上揚。

其實，把再見說到第三次的時候，真的會覺得自己的心也跟著暖了起來。

原來這就是「把再見說三次」的神秘魔法！

枝豆的妄想小劇場

知道我懷孕不久後，枝豆就得了「我要有女兒了」的幻想症。據說是他那超敏銳的第六感告訴他的。

大約不到三天，他就想好了女兒的名字。「我們的女兒就叫做這個名字了，因為叫這個名字的女生都是美人喔！」他在筆記本上慎重地寫下了一個單名的漢字「希」（のぞみ），確實那是一個很美的名字，在日本有幾位美麗並且氣質高雅的女星，就是叫那個名字。

我們兩個人都對那名字很滿意，因此開始使用那個名字和肚子裡面的寶寶對話。

不過枝豆的女兒幻想症可不僅止此於此而已，每天走在路上只要見到別人家可愛的小女孩，他就會眼神閃著父愛的光輝說：「天吶！將來要是我女兒那樣纏著我，我可能會蹺班不去工作耶！可愛到讓人都融化了！」

若是看到別人家好動的小男孩，或是青春期的男學生，他則是說：「還

好我們家要生女兒，將來洗衣機裡面不會有臭臭的運動衫，也不用買那種很巨大的電鍋。妳知道青春期的男生食量簡直比牛大耶！」他說這些話的時候，表情嚴肅得令我發笑。

漸漸地，他的幻想症越來越嚴重。甚至還到公司跟有女兒的爸爸們請教女兒大概到幾歲會開始討厭爸爸，如何預防這類的事情發生等等，把身邊的每個人都洗腦到我懷的一定是女孩的程度。

在日本的產檢，醫生一直沒告訴我寶寶性別。直到懷孕四個多月後我回台灣，去做了羊膜穿刺檢查。

「恭喜噢！是男孩！」

我忍不住大笑。醫生問我笑什麼，我說：「我先生可能要心碎了！」

當天我傳了簡訊給枝豆，問他想不想知道寶寶性別，他說：「當然啊！快點告訴我呀！」

「是男生喔！」

訊息已讀後過了很久，才看到他回傳說：「男生也很棒喔！」

雖然實際上看不見他的表情，但我知道，他要從自己的幻想泥沼中爬出來也許需要一點時間。

後來我們不得不重新思考男孩的名字，結果想了很久很久，一直都沒有靈感。枝豆雖然嘴巴上不說，但是出門時看到可愛的小女生們，還是會露出非常羨慕的表情。

我把這件事情告訴台灣的朋友，大家都很好奇地問我說：「所以在日本，大家不會比較喜歡男孩嗎？日本不是個重男輕女的社會嗎？」其實從我身邊的日本朋友家看到的例子，重男輕女的觀念已經相當式微了。不過從枝豆以及公公婆婆的言談中，我倒是發現日本人對於男孩以及女孩的期待是相當不同的。

「男孩的話，就不用花那麼多教育費用了呢！男孩只要唸一般的公立學校就可以了。倒是女孩的話，為了培養氣質還有品德，一定要送到私立貴族女子學校才行。」婆婆說。

「男孩的話，應該多注重興趣的開發，而不是物質上的享受喔！所以我覺得要把大部分的預算規劃在學習上，以及多花心思陪他參加體育類的社團活動。衣服玩具那些的話，就不用像買給小女孩那樣買那麼多了！」公公說。

「男孩的話，我就會給他比較嚴格的教育，畢竟他將來是要擔起家庭重

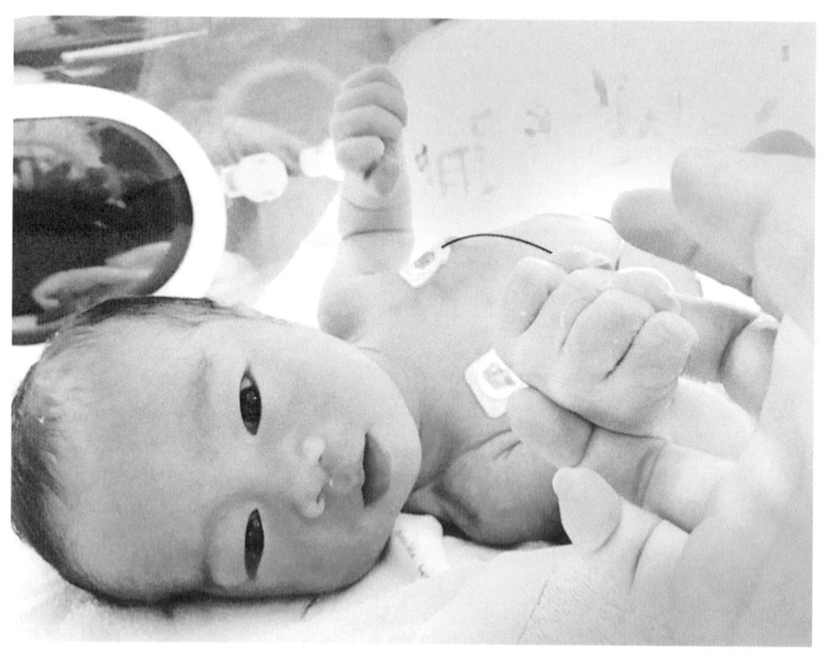

任的。所以我會要他去打工賺取自己的生活費，不能像寵女孩那般地溺愛。而且我得要讓他知道，生活中會有許多挫折，他得自己學會一一地去解決。」枝豆說。

且不論重男輕女的觀念在日本社會是否還存在，不過從日本家人的言談中，還是感覺得出來他們對於男孩在工作以及學業上的期待，還是多過於女孩的。而女孩在他們的心目中，只要像個公主般地呵護長大，將來嫁到好人家就是最圓滿的結果了。這樣的期待，其實多少也反映在日本的社會以及職場上。

一直到前陣子，有一天枝豆突然很有朝氣地告訴我：

「我覺得是男寶寶真的太好囉！因為男孩的人生有著更多的可能性。」

「而且他以後可以負責照顧妹妹啊！」看來他還是對著未來的女兒抱持希望。

「而且我還要帶他去踢足球還有釣魚噢！光用想的就好開心呢！」

「雖然女生很可愛，男生也一定會讓我們家充滿歡樂噢！」

眼見他破碎的心已經漸漸康復了，我心中的小石頭也稍微放下了。而不管是男孩或是女孩，我相信都會為我們在日本的生活增添許多幸福感。我們一家三口，會一起踏上人生的下一個全新階段。

沒有眼淚的告別式

在日本我沒有參加過幾場婚禮，倒是參加過不少告別式。令我納悶的是，我從來沒有在任何一場告別式，看過誰流過任何一滴眼淚。不論是泡澡泡到一半安詳過世的年老奶奶、因病去世的枝豆的姨婆，或者是在一場睡夢中沒有醒來的中年親戚的告別式，氣氛都是那麼祥和。我曾經試著要從告別式參加者的眼睛裡面找出一點點的哀傷，但那份內斂的情感藏得好深好深。藏在他們的瞳孔後面的，彷彿是一條細細長長的、深不見底的隧道。

我在日本參加的第一場告別式，是婆婆的姊姊的。雖然和這位女士從來沒見過面，但就在某個日語學校的午後，我接到枝豆的電話。

「明天我們要到千葉縣參加告別式喔！妳應該有黑色的洋裝吧？」枝豆問。

「明天嗎？嗯~應該有的，我回家找找。」當時只覺得日本的喪禮未免也辦得太急促了，後來才知道，在日本從死者過世當天到火化完成，大概都只會花上三天的時間而已。

當天我穿上了衣櫥中唯一的一件短袖黑色洋裝，甚至連黑色絲襪都沒有穿，就套上黑色高跟鞋匆匆出門了。在告別式的現場，我立刻成為了大家的目光焦點，因為日本的喪服是非常制式的，女生大多著尼龍材質的墨黑色長袖過膝套裝，而且一定要配上黑色絲襪以及白色珍珠項鍊。老一輩的女性也有人穿著黑色和服出席，而男性一律都要穿墨黑色的西裝配上領帶。

雖然到達現場後，我立刻跑到附近的便利商店買了雙黑色絲襪套上，但因為我的洋裝是短袖，加上剪裁似乎太過活潑，當場就被幾位參加告別式的年輕女孩團團圍住了。

「哇！原來國外的喪服是這樣子的，好有趣！」她們圍著我開心地討論起來。當時我實在不知道該怎麼反應，因為總覺得告別式似乎該表現出哀傷的模樣，加上我穿的衣服其實不是喪服，就只是一件黑色小洋裝而已。記得在台灣參加過的喪禮，好像都是穿葬儀社準備的黑色服裝，所以對於日本的告別式，我真是一點概念都沒有。

告別式席間對話

據說在日本的告別式，一般的流程包含第一天的「通夜」，也就是台灣喪禮中也有的守靈夜，通常是較為親密的家屬以及親戚才會參加。第二天則是告別式以及告別餐會，除了家人和親戚之外，死者生前較為要好的朋友也會來拈香以及參加餐會。最後一天則是火化儀式，通常也是家人和親戚才會參加。目前我只參加過第二天的告別式，而儀式非常簡單，某些場合就是拈香誦經，甚至有些只有簡單的瞻仰遺容和拈香儀式就結束了。

讓我印象深刻的是告別式後的餐會，以及人們在席間的對話。

「奶奶在泡澡的時候死掉真的是很幸福呢！一生都沒有病痛，當了好幾十年的巨人隊棒球迷，也抽了好幾十年的菸。我想就算上了天堂，她一定還會繼續當個老菸槍吧！」有人在餐會中開起了奶奶的玩笑，而大家都忍不住笑了出來。

「不知道是姊姊皮膚保養得太好，還是大體美容師的手法太高超了。我剛剛仔細地看過她的臉部肌膚，還透著粉紅色的光暈呢！將來我也想請這位美容師幫我化妝，不過要是說到眼線，我還是覺得自己畫得比她好。」非常愛美

的婆婆，連參加自己姊姊的告別式，都忍不住要把話題帶到保養和彩妝這件事上。

「這個傢伙呀！某天早晨就毫無預警地沒醒來了，連桌子上都還亂七八糟的，不知道該怎麼幫她整理呢！不過也還好她本人沒有辦法來參加這場告別式餐會，不然她肯定會說，我要把這些龍蝦的頭統統包回去熬成高檔味噌湯。」讓我很訝異的是，面對妻子毫無預警的驟逝，丈夫居然能開得出這種玩笑。

「不知道是他們是真的把死亡看得很淡呢？還是把情緒埋得很深呢？」我想起奶奶的喪禮上，自己忍不住哭得失態的模樣。

後來聽到幾位日本長輩分享對死亡的看法，我才知道原來日本社會流傳著「如果一直太悲傷，死者會上不了天國」的說法。而且面對死亡，他們早就提前在做準備了，不管是自己的，或是深愛的人的。

高齡九十幾歲的公公，老早就把自己的塔位和喪禮聯繫事項，甚至是出席名單以及喪禮費用都安排好了。有一個文件夾裡面就整齊地放了喪禮的各項文件並且註明聯絡人電話，每次我和枝豆去拜訪他的時候，他就會把文件夾拿出來，簡單地幫我們複習一下流程。

「就算是我下一秒就突然死掉也不奇怪！避免讓你們手忙腳亂，我已經想好最簡單的方式了。」他淡淡地說。

婆婆則是決定要和教會的朋友葬在一起，而她也在十幾年前就準備好了基督教的喪禮相關事宜，也為自己挑選好了喪禮時要使用的照片。

「如果我的美容師沒有好好地幫我畫個美美的妝，以及好看蓬鬆的頭髮的話，當天就不要開放瞻仰遺容了吧！」看來婆婆最擔心的，還是無法在大家心中留下完美的形象這件事。

在知道我懷孕了之後，枝豆也主動查詢關於保險的事。

「我必須確保如果哪一天我突然走了，妳和孩子都可以在這個國家有保障地繼續生活下去。」

某次，我因為工作有機會採訪《送行者》的編劇小山薫堂先生。趁著那次的訪談，我問了問他對於死亡的看法。

「大概從五十歲的生日當天起，我就覺得自己其實離死亡很近。也許是身邊的人都一個一個地離我而去了吧！不過我並不覺得那是什麼特別悲傷的事，只覺得那就是很自然的結束生命而已。」

「而且就我的性格來說，我一點都不希望來參加告別式的人哭哭啼啼的。我甚至想在告別式上面給大家一個驚喜，所以從現在開始，我就要來好好想想該怎樣企劃自己那獨一無二的告別式。」他說到這裡的時候，流露出一種很頑皮的神情，好像要規劃一場把大家嚇一跳的整人派對一樣。

採訪完小山薰堂先生後，我回家又把《送行者》看了一遍，細細地把整部片中內斂的情感又複習了一次。整部片的光線很昏暗，主角們的對話也很平淡。在電影中，死亡並不是一個某天突然冒出來的巨大驚嘆號，而是沉潛在人們日常裡的一個元素，就像每個早晨都會迎接的晨曦一般。

「原來死亡並不是一個句點，而只是淡淡地藏在我們每一口生命的吸吐之中而已。」我終於理解。

於是我上網為自己買了一整套日式喪服，純黑色有附上硬挺外套的過膝洋裝，把它靜靜地掛在衣櫃裡。雖然不知道下一位送別的對象會是誰，但願我都能帶著平靜的心情，從容地和他們揮手道再見。

日本女生養成術

「所以到日本之後，妳是不是就要開始每天煮三餐，做一個全職家庭主婦呢？」

「我聽說日本女生每天早上都會花兩小時左右化妝和整理頭髮呢！」

「據說在日本社會，超過三十歲且已婚，是非常難找到工作的喔！」

「聽說日本女生每個月都花不少錢在化妝品和保養品上呢！」

「聽說日本女生的房間都打掃得一塵不染的，像是樣品屋耶！」

「聽說日本女生很會精打細算，家計管理上完全不會浪費一毛錢呢！」

就這樣，帶著數不清的傳聞和疑惑，還有一個精簡的行李箱，我來到了東京，開始了我的新手人妻生活。那是五年前的事了。

記得剛到東京的第一週，我和枝豆還沒有找好房子，所以暫住在婆婆家裡。婆婆的家很小巧，但是確實如同傳說中般打掃得一塵不染，布置得像是娃娃屋一樣夢幻可愛。打開洗手間的門便飄出高級飯店般的香氣，粉紅色鑲金邊的擦手巾摺得像豆腐乾一樣整齊，並排在有綴蕾絲的小竹籃裡。

在婆婆家過了一夜後，隔天枝豆一早把我搖醒，希望我先化好妝、整理好頭髮再下樓吃早餐。

「不好意思，因為我媽媽認為女生素顏是一件非常失禮的事。」

帶著「原來素顏在日本真的很失禮」的驚嘆，我快速地化好妝整理好頭髮，和婆婆道早安。此時她早已經穿上純白色的高領針織衫和碎花裙，帶著無懈可擊的妝髮在準備早餐。

「你媽媽今天打扮得這麼漂亮要去哪嗎？」我偷偷問枝豆。

「沒有！她擔心郵差會來送信而已。」枝豆笑說。

一邊吃早餐一邊喝茶時，婆婆遞給我一包包裝精美的砂糖，我用了一半之後她馬上用紙膠帶將封口封好，說明天還可以用。

「因為我們日本人最不喜歡浪費了！」

老實說，那短短的一週帶給我很大的衝擊。那些「關於日本女生的傳聞」，一個個都在我眼前被證實了。一週後，我帶著「在日本，我是不是一個失格的女人？」這樣的疑惑離開婆婆的家，踏上了我的「日本女生進修之路」。

主婦其實可以不完美

「首先，我得要把一整週的三餐菜色都想好，然後再前往超市採買，最好是買季節蔬菜，因為最新鮮又便宜。再來，我每天要安排一個小時把家裡面打掃得非常乾淨。另外在做早餐前，我得先起來化好妝整理好頭髮，把當天要穿的衣服燙整齊。」我像小學生一樣把每天必做事項寫在一張紙上，像重要公告一樣地貼在書桌前。

忙碌又充滿幹勁的生活大約維持了一年，每天扣掉上日文課還有寫作業的時間，我的精神全部投注在「不要輸給日本女生」這件事上。每次逆風騎著腳踏車上坡，我就會想起日本家庭主婦單車前後各載一個小孩，車上還掛了一大包菜的模樣。然後我就會更用力地踩著腳踏板告訴自己：同樣是人，為什麼她們能吃的苦，我卻不行呢？

一年的日語學校課程結束後，我終於有時間靜下心來檢視自己的模樣，感覺混亂的價值觀在我心裡面起了衝突。在台灣的那個我，有更多時間做自己真正想做的事。在英國的那個我，雖然忙碌可是心靈很自由，每天都像海

綿一樣地努力吸收新知。而如今在日本的我，可以很俐落地煮好三餐、把家裡打理得很好，還學會了把自己打扮成得體的模樣。

「但是我一點也不快樂！」

當時我時常與枝豆爭吵，而每次總把爭吵的理由歸咎於「因為在日本，我是個不合格的女人」這件事上。

「如果是日本女生，她們一定可以同時把工作和家事都做好吧？她們一定不會像我這樣軟弱吧？她們為什麼可以過著非常充實忙碌的生活，但卻一點也不累呢？」

我決定在日本女生身上找答案。因此踏出了家門，開始打工、參加社區活動，也試著和親戚的女孩們來往。

「妳真的每天煮三餐？我因為工作很忙幾乎沒時間吃早餐，中午就買公司附近的便當，晚餐幾乎都是外食呢！」擔任實習醫師的A子說。

「我幾乎不煮飯耶！一直以來我都住在家裡面，所以三餐都是由媽媽張羅的，工作那麼忙，哪有時間煮飯啊！嗯~大概週末心血來潮會想進廚房一下吧！」在網路公司擔任OL的B子說。

「我天天都煮三餐喔！因為我的夢想就是做個全職家庭主婦呀！我的朋

友全部都是家庭主婦，沒有人想過要到外面工作。老公賺錢養家，而認真地打理家裡就是我的工作囉！」來自福岡的C子說。

「我最喜歡咖啡店啦！所以平日我都簡單吃，有時候冷凍食物就能打發一餐。但是週末一到我一定會好好犒賞自己，和朋友一起去可愛的咖啡店用餐，這樣下週的生活才有動力嘛！」在廣告公司上班的D子說。

「日本女生沒有妳想的那麼能幹啦！我們一樣會累，上了滿員電車一樣是滿肚子的無奈呀！所以妳也要學會好好放鬆抒壓，不然生活過得太緊張了。在我看來，妳已經比許多日本女生還要努力了啊！」總是一派輕鬆的自由工作者E子說。

經過我的多次「訪談」後才驚覺時代在變，日本女生的生活形態也在變。而我這個天真的外國人，居然異想天開地要把自己套進「阿信」的角色裡面，卻又忽略了要在生活中平衡這些壓力，難怪會搞得自己一點也不開心。

來到日本第五年，對於「做個合格的日本女人」這件事我早就忘得一乾二淨了。我持續煮飯、打掃、打扮自己，但是用我自己喜歡、可以樂在其中的方式。我把一些時間拿來做喜歡的工作，而每次工作時都能遇上各式各樣的日本女人，她們有些外表上不拘小節但是很幽默、有的不擅家事但是像男人一樣能幹，完全無法用我當初對於日本女生的刻板印象去歸納。

仔細想想，在如今這個世代所謂的「完美的日本女人」根本就已經不存在了！讓自己活得像自己，把生活過得充實開心，才能不管到哪都能做個發光的女人。喔~順道一提，日本主婦的腳踏車多半都是電動腳踏車，才有辦法載著兩個小孩輕鬆上坡。

下午五點的仙度瑞拉

下午五點整，音樂聲響起，整條街道像是被施展了魔法一樣，突然快速地轉動了起來。南瓜馬車瞬間變成了架著嬰兒安全座椅的電動腳踏車，原本坐在有著偌大落地窗的時髦咖啡店中談笑的優雅女人們紛紛收起了笑容，她們慌張地看了一眼時鐘後，立刻踩著高跟鞋用最快的速度奔向超市，然後再從超市拎著大包小包奔跑回家。

一開始，我也對這樣的景象感到疑惑與驚訝。這個音樂聽起來不疾不徐，就像是嬰兒床上面總會掛著的助眠玩具，所發出的溫馨旋律。而她們究竟為了什麼而匆忙呢？還是說這音樂裡藏著我不知道的訊息？而下午五點鐘又代表著什麼特殊的意義呢？

直到我也加入了「下午五點鐘的仙度瑞拉俱樂部」，才知道仙度瑞拉們的真實身分，其實就是每天全力支持丈夫與孩子生活的家庭主婦們。

在日本，家庭主婦是個非常普遍的職業。雖然夫妻共同進入職場的比例逐年增加中，但根據日本厚生勞動省的調查指出，目前結婚之後，女生成為全職家庭主婦的比例仍高達百分之三十八。而這占結婚女性人口百分之三十八的家庭主婦們，除了每天打掃、做料理之外，究竟都忙些什麼？她們接收外界訊息、抒發壓力的管道又是什麼呢？

住在台灣的時候，我對專職家庭主婦的理解很少。只記得小時候奶奶、外婆、媽媽都在忙著工作，忙完工作後再利用剩下的時間快速地處理家事、準備晚餐等等。那時候感覺媽媽們都好強大，要一肩扛起家中經濟重擔，還要用最有效率的方式來料理家務。媽媽們的形象與迪士尼影片中仙度瑞拉相去甚遠，倒比較像是《七龍珠》裡面的超級賽亞人。

當時我對日本媽媽的印象，全來自於《哆啦A夢》還有《櫻桃小丸子》的卡通。她們都是全職的家庭主婦，每天的例行工作就是待在廚房裡做料理和打掃，然後叮嚀孩子每天該完成的功課。然而，哆啦A夢與櫻桃小丸子終究與現代的時代背景有了落差。

我在東京見到的家庭主婦們，有著運作方式相當有趣的獨立小社會。她們在平日送完丈夫和孩子出門上班上學、完成家務之後，會有一小段專屬於自己的時間，大約是中午十二點到下午五點鐘的黃金五小時。這珍貴的五個小時內有許多有趣的事情可以做，例如和朋友一起午餐、上美容院、喝下午茶逛街、學習才藝等等。針對生活花費本來就必須比較謹慎的主婦們，餐廳飯店、美容美髮院和咖啡店也會特別推出「午餐超優惠價格」、「平日限定優惠價」以及「平日下午茶限定套餐」等等的貼心提案。因此主婦們可以在商店和餐廳顧客較少的時候，以較低的消費支持店家運作，而店家也能提供主婦們諸多物超所值的服務。算是一種店家與主婦們互惠的商業模式。

「真是感謝平日午餐這件事啊！」是我和朋友們在平日共進午餐時最常說的一句話。只要花上晚餐或是週末不到三分之一的價格，就能在美麗的餐廳內享用美食，和朋友聊天抒解平日的煩悶，非常划算。

下午五點整，褪下華麗的外出服與高跟鞋後，仙度瑞拉們從夢幻國度回到廚房，換上圍裙，熟練地做起料理。

「老公昨天才參加了飲酒會，今天來幫他做個薑絲蛤蠣湯醒醒酒吧！」

「孩子有重要的考試將近，不如做炸豬排讓他有個好兆頭（在日文中，炸豬排與「必勝」諧音）！」

炊煙像是魔法一樣地再次裊裊升起，只要是下午五點之後遊走在日本的住宅區小巷中，就不難聞到從家家戶戶窗戶飄出的晚餐氣味。

LOVE

玻璃鞋沒有遺失在城堡的階梯上，它始終被小心完好的收在家中玄關的鞋櫃裡。當仙度瑞拉們第二天一早醒來曬好衣服，把家裡打掃得一塵不染，精心打扮後，套上高跟鞋，又重新從高壓的社會，以及繁雜的家務中解放，回歸除了妻子與母親外，另一個屬於自己的女人角色。

當五點鐘的音樂聲響起，仙度瑞拉們雖然慌忙，但卻是一臉滿足。上揚的嘴角隱藏著只有她們自己才知道的，充滿幸福感的小秘密。

日本主婦的月薪

在新垣結衣主演的日劇《月薪主婦》中曾提到，根據日本政府統計，日本家庭主婦一年為家裡貢獻的工時有二千一百九十九小時，換算成年薪約是九十四萬台幣。而扣除家庭基本開銷後，再以月薪來計算的話，主婦們應該實領的月薪大約是六萬台幣。

不過，日本主婦們除了向自己的先生領零用錢之外，還有其他增加收入的方法。

若是到日本旅遊，仔細看一下超商或是便利商店外面的徵人廣告，也許就會看到「主婦可！週二～三日可相談」的標語。其實每週只打工二～三天並不是因為主婦們太懶惰，而是和日本的稅務政策有著極大的關係。在日本，只要結了婚的女生，都要面對一個所謂「一百三十萬限制」的考驗。只要年收不超過一百三十萬日圓，就能繼續以被撫養人名義掛在丈夫名下，丈夫的稅務就不會因此增加，還有機會可以減稅。但若是妻子的年收超過了一百三十萬日圓，卻又少於二百萬日幣的話，反而會讓雙方稅務負擔增加，妻子繳完稅之後實際得到的收入反而少於年收一百三十萬日圓的主婦們。

因此，在這樣的政策下，為了增加收入，但是又不想把多餘收入繳交國庫的話，就只能把年收控制在一百三十萬日圓以內。而這一百三十萬日圓，不僅可以拿來貼補家用，也能做為自己平日的生活費開支使用。

在日本，不少人撻伐著一百三十萬日圓政策就是阻礙女性就職的最主要絆腳石。但也有人持相反意見，認為這反而是讓女性將重心放在家庭，打造幸福家庭的重要元素。也許正是因為這樣的政策，仙度瑞拉的小社會才慢慢形成吧！

友達的定義

「啊！親友不夠多這件事情真的很惱人啊！為什麼男方的親友會來這麼多人呢？真是教人太苦惱了！」電話那頭，婆婆正因為孫女的婚禮人數不夠多這件事煩惱著。

「你算算看喔！就算加上她的爸媽和弟弟，然後我和你們家都出席，親友桌也就只有六個人吶！可是男方說要來二十個人，這下落差太大了，面子掛不住呢！鄉下人果然和親戚往來比較密切，在東京說到親友，一隻手就可以數完了呀！」婆婆不停地絮叨著。

在台灣，我好像只聽過怕婚宴人數來太多、想刪除一些不太相干的人，或是煩惱座位安排不夠得體等等的事。煩惱婚禮參加人數不夠，還真的是第一次聽到。

只可惜當時我還沒看過岩井俊二導演的《被遺忘的新娘》，不然一定會向婆婆提議「租賃婚禮親友」這個服務。

剛到日本的時候，我時常因為「很難與日本人交朋友」這件事感到挫折。而在這裡生活了一陣子後，才發現並不是和日本人特別難交朋友，而是在日本（尤其東京）這個地方想要交朋友，首先必須要有足夠的金錢和時間上的餘裕。另外對於日本人來說，朋友的定義其實分有很多層面，而要成為他們「真正的朋友」，確實不是那麼簡單的事。

為了參加婚禮而借款

在日本，只要轉開電視，會發現「現金借貸」廣告出現的頻率非常高。這些廣告由形象良好的明星代言，配上親切可愛的廣告歌曲，提倡不需辦卡、不需開戶就能立即借貸。讓人感覺這種實際上高利息的現金借貸，不過就像是到街角的自動販賣機買一罐可樂一樣沒什麼大不了。

其中一個讓我印象很深刻的廣告是關於禮金借款。廣告的內容是這樣的：「六月就要到了，真是讓人好擔憂啊！身邊不少適婚年齡的朋友都想當六月新娘，但是我的存款根本無法應付。還好有 ××× 幫我解決這個問題！我終於可以安心地參加婚禮了！」

當下這個廣告內容讓我滿頭霧水，就問了問枝豆：「難道她是為了參加婚禮去借款嗎？」

「是呀！參加一次婚禮可要花掉不少錢。對於才剛出社會的年輕人來說壓力非常大呢！」

究竟參加一場日本的婚禮需要準備多少預算呢？在台灣大概是以交情、婚宴場地的等級，或是對方包給自己的禮金金額來衡量。在日本，不少邀請函上面就會直接標註金額。我參加過的婚禮是婚宴禮金五萬日幣左右，婚宴後的二次會費用一到二萬日幣，當天婚宴的衣服與頭髮造型約二至三萬日幣，林林總總加起來，大約會花上快十萬日幣。如果是夫妻兩人共同出席，還必須要以兩個人的費用計算。

除了婚宴外，當朋友生孩子、搬家、遇上喪事，或是同事的歡迎會、送別禮物等費用，也都是一筆不小的開支。也難怪日本社會真實存在著租賃婚禮親友的服務，因為比起花上五年、十年來經營一段關係，只需要日幣一萬五千圓就能請到的一日親友顯然更加划算。

朋友分成好多種

在中文裡面，朋友的定義很廣泛。即使是同事、鄰居、朋友的朋友、打過幾次照面的人都可以稱作是朋友。然而在日文裡面，朋友的種類則細分為認識的人、熟人、為了工作必須交際的人，以及真正關係親密的朋友。在成人的對話中，「朋友」和「愛」這個字一樣出現的頻率很低，他們會謹慎地說：「工作上認識的人將您的聯絡方式給了我」，或者是「我大學時候的同班同學在那邊工作」，而比較少說：「我朋友如何如何……」加上日本人對於麻煩別人和被麻煩一事相當抗拒，所以建立在互相幫忙上的友誼本來就少之又少。對於那種才認識不久就提出向對方借錢、借東西、跑腿或是當保證人等等要求的人，在日本人看來就像是「才認識不到一週就突然被求婚」一樣突兀。他們即使要向自己的親人提出請求，也都會非常謹慎客氣，就怕造成別人的麻煩。來到日本後，我才知道有一種服務叫做「保證人公司」，需要租房簽約的時候不需要去麻煩或是拜託任何人，只要每年定期付錢給保證人公司就可以了。

邀約只是一種客套

我有幾次這樣的經驗，就是被日本朋友邀約後就再也不曾見過面，或是互相加入了對方的通信軟體帳號，卻從來沒有聯絡過的情形。雖然這樣的情況久了就會習慣，但是第一次遇上還是有點讓人手足無措。

某次在枝豆高中同學聚會的場合認識了一位日本女生，她非常親切，不停在聚會上找日文並不流利的我聊天，並且也和我要了 E-mail，說是下次一定要邀請我到她的家裡玩。

這件事我始終沒有太放在心上，直到她發了幾封 e-mail 問了我一些關於台灣茶的事，也在信上提到很開心認識我，希望有機會能一起再喝茶聊天。有天剛好家人從台灣寄了茶給我，就想起她，便發了一封 e-mail 給她。過了很久才收到回信，她在信上提到平時很忙，非常謝謝我想到她，希望將來有機會還是可以在枝豆的高中同學會上遇見。

後來我的確又遇上她第二次，她依然熱情地說：「下次一定要約喝茶喔！」但我們再也沒有聯繫了，而我的台灣茶就這樣安安靜靜地擱在廚房，被我一點一點地喝掉了。之後我漸漸懂得所謂的「下次」只是日本人嘴上一種禮貌的客套話，只要微笑聽聽即可，不需要太認真地放在心上。

「在日本，我真的交得到朋友嗎？」

這個問題我在心中問過自己千百次，如今心情已經從非常寂寞漸漸變成平常心。我問過枝豆：「到死之前，我有可能會在日本交到一個可以推心置腹

的朋友嗎？」枝豆則是笑說：「這個問題太難了，連我自己都答不出來呢！」在日本，我們都有可以相約吃飯、聚會的伙伴，但是對於「友達」的定義，我真的想不出一個完美的答案。

因為好奇，我在網路上查了一下，日本人平均擁有兩位關係親密的朋友。依照這樣的精簡數量，加上經濟條件、時間的餘裕等種種因素考量，想要快速成為好朋友簡直就是太奢侈的幻想了。所以我告訴自己，想和日本人交朋友，除了保持一切隨緣的心態就好之外，也得要重設一下自己心中對於「朋友」一詞的定義。

「妳有沒有辦法把認識的人都找來，去表姊朝子的展覽充一下場面啊？因為朝子只在東京住過十年，在那邊一個朋友都沒有，很煩惱呢！」婆婆在電話那頭聽起來相當焦急。

看來連日本人要在日本交朋友都很難了，我也偷偷在心中放下「因為我是外國人，所以在日本很難交朋友」的成見了。

一諾千金的柳澤小姐

一直到現在，我都覺得是柳澤小姐治好我的「對人不信賴恐懼症」。這個病大概是到了日本一年後開始發作的吧！我帶著過多美好的幻想來到日本，每天走在乾淨整潔的街道上，大口貪婪地呼吸著新鮮的空氣，就連電車呼嘯而過的聲響都覺得美妙極了。單單只是天空的顏色都能讓我感到驚奇，原來到了夏夜的黃昏，天空就會變成蜜桃沙瓦般的粉紅色，每次都讓我看得出神。

然而與住在這個美麗都市的人們開始有了交集之後，這些迷人的景象卻瞬間黯然失色了。

也許是東京的關係吧！我覺得這個城市裡面的人對別人充滿了防備，同時也帶有太多目的。光是在一個餐廳裡，使用英文和日文點餐，就會得到截然不同的服務。同樣是住在東京的外國人，金髮碧眼的外國人就能比黃皮膚和黑皮膚的人受到更多禮遇。

「未免太現實、太勢利眼了吧！」我時常一個人在擁擠的電車中嘟囔著。

雖然藉由參加聚會認識日本人的機會不少，但對於交朋友這件事老是碰壁。我遇到最多的兩種人就是「保持著過度禮貌，其實對妳完全沒興趣」，以及「感覺好像有一點熱情，但是實際相處起來又發現她充滿心機，甚至有點壞心眼」的類型。每次參加聚會完，我都會覺得自己像是從政見發表會回到家的政客，脫下了鞋子還有面具，只希望下次的聚會有理由可以不參加，因為真的太累了。

說到「對人的防備」，我想起枝豆和我說過的東京人際教戰守則。

「也許很難理解，但是妳一定要相信我，這個城市的瘋子密度非常高，高到妳無法想像的。所以寧可把正常人錯認為瘋子，也不要把瘋子當成正常人喔！」

他的這段話，對於一個在台灣純樸小鎮長大的我來說確實不容易理解。究竟什麼樣的人是他口中的「隱性的瘋子呢？」

「如果你在路上看到疑似瘋子的人，可以告訴我嗎？」我說。

「妳看那個一直在自言自語、一邊走路一邊笑的人。」他用鼻子指了指一位西裝筆挺的男生，但我猜想他只是用藍牙耳機在講電話。

「喏！還有那個在電車上，居然拿著小叉子猛插自己眼睛的高中女生。」我看著坐在對面，拿著小鏡子的女生忍不住笑了出來。因為那個女孩，只不過是在黏雙眼皮膠水而已。

某次上了電車後，枝豆身後的車窗突然出現了一位男性上班族的身影。他看起來相當焦急地不停捶著我們背後的玻璃。

「看吧！瘋子終於出現了！千萬別回頭，千萬別回頭，千萬不要和他眼神對到啊……」枝豆捏緊了我的手，極力讓自己的表情保持鎮定。結果過了幾秒後，坐在我們對面的乘客終於忍不住站了起來，把放在我們頭上置物架上的公事包遞給窗外那位著急的男性。

「原來是忘了公事包！難怪會那麼緊張！」我在心中暗忖。

也許是枝豆過於神經質的個性，加上我的確在東京遇到不少怪人，我的「對人不信賴症」越來越嚴重。我開始天天戴著口罩出門，希望別人無法從我的表情揣測出我在想什麼，也不想和任何人有任何情感的交流。只希望能安然無恙地，不要有情緒起伏地度過每一天。

直到我認識柳澤小姐後，這一切開始起了變化。

柳澤小姐是我透過朋友介紹認識的、一位非常喜歡台灣的日本人。一開始我對她的了解不多，只知道她是位作家，出過一些生活與旅遊的相關書籍，還是位收納專家。和柳澤小姐第一次出去吃飯，其實我是很彆扭的。雖然整個晚上她都表現得極度熱情，問了我和朋友許多關於台灣的事，同時也分享了很多日本人才知道的小常識，但我心中還是帶著些許懷疑，這樣的熱情會不會只是假裝出來的。

接著我又和柳澤小姐一起出去了第二次、第三次、第四次，也許是一起簡單吃飯，或是一起參加活動。每次柳澤小姐出現，就會從她的大包包裡面掏出很多寶物。

「這個給妳，我猜想妳一定很想念這個家鄉味吧！」她喜孜孜地從袋子裡面拿出了麵筋還有黑瓜罐頭。

「因為看到雜誌裡面有送盧廣仲的CD，我就幫妳帶回來囉！」

「我知道一家超好吃的店，我們下週二去好嗎？」

她和我認識的日本人很不一樣，不會多說什麼客套的話，約見面的時間也總是很精確。漸漸地，我們碰面的機會越來越多。

柳澤小姐永遠都是充滿精力的樣子，每天有見不完的人，參加不完的活動，好像工作一點也不忙的樣子。但是我發現她的包包裡面永遠都塞著厚厚的原稿，一有空檔她就會開始寫稿子、做筆記，或是校稿。

有次搬家，我開始整理住在東京五年之中買的雜誌，才發現許多雜誌都有柳澤小姐寫的專欄，而且她在日本已經出版了三十五本書。

「原來，她一直都是在百忙之中抽空和我見面啊！」我第一次覺得，也許這次我真的有了一個可以稱為朋友的日本朋友了。

直到我回台灣待產，柳澤小姐還是持續寫e-mail給我，關心我的近況。有一天她來信告訴我：「兩週後我會去台灣喔！想說找一天去妳老家看看妳好嗎？順便想嚐嚐看妳媽媽做的台灣料理，可以嗎？」

這封mail就像是一把鑰匙一樣，「喀」地一聲打開了我心裡面一道深鎖的門。

「當然可以啊！我等妳來！」

雖然一直不知道該怎麼向柳澤小姐表達我的感謝，但是因為她的真心，我的「對人不信賴症」終於痊癒了。也許在很久很久之後，當柳澤小姐可以開始閱讀中文之後，我再把這篇文章拿給她看吧！

Freelancer 的東京生存術

許多人對我在東京究竟做著什麼樣的工作並不明白，有的時候，接案的形態多到連我自己也都搞不清楚。在這個城市，我一直做著與文字採訪相關的工作，只是一路從打工族、契約社員，變成現在自由接案的模式而已。我的名片上面印著freelancerwriter（自由撰稿人）的職稱，除了幫雜誌寫採訪稿、寫專欄外，也幫廣告公司製作一些推廣日本各地觀光的企劃。總之，身為一個外國人，能在這邊接到的每一個案件都讓我非常感激。

然而在日本，人們對於自由工作者還是存有很多成見的。例如收入不穩定、沒有辦法享受公司提供的福利、沒有固定的休假、無法順利地申請信用卡，甚至連租房子的時候都會遭受到諸多刁難。即使你已經提出了明確的存款證明，對方仍然會露出「我很懷疑妳這樣的工作形態究竟可以繼續多久」的眼神。

「為什麼不好好地做個規矩的上班族呢？」

「難道不會擔心自己的收入突然變少嗎？」

「不到公司與大家一起工作，如何學習工作上的新技能呢？」

「難道不會感覺自己好像是社會邊緣人嗎？」

以上的問題，我被周遭的人問了無數次，就連我自己都問了自己好多次。而且身邊的人只要一聽到我是自由工作者，總會露出一種同情的眼神，讓人感覺難受。如果這時候再聽到連我先生枝豆都是自由工作者的時候，對方就會露出一種不可置信的表情。

「所以……你們究竟是如何在東京生存下去的呀？」

如何以自由工作者的形態在東京工作下去這件事，我是從枝豆以及我公公的身上學來的。

公公在成為自由接案攝影師之前，是在日本的一家知名藥廠工作。當時在這家藥廠的工作內容相當穩定，在周遭的人看來，是一份令人羨慕的工作。不過一向喜歡攝影的公公，有一天卻得到了一個有趣的工作邀約。在彩色底片才剛開始要流行的時候，有人問他願不願意到國外去拍攝一些有趣的景色，回來可以製作成月曆或是大型海報。

喜歡冒險的公公二話不說地就接下了這份工作，帶著有限的美金和照相機出發了。我很喜歡聽公公述說他這場異國大冒險，當時是個還沒有噴射機的年代，公公搭乘著需要轉機多次的螺旋槳飛機到了美國，第一次看到讓人驚豔的高架橋，以及美麗迷人的百貨公司櫥窗。他決定每天就算只能吃一個麵包，也要省下所有的錢來買彩色底片，好把這些讓他感動的景色都帶回日本。

在美國待了一陣子之後，公公決定繼續挑戰歐洲，於是又買了前往英國的機票，繼續拍攝歐洲美麗的庭園與自然風景。當時他所搭乘的火車票根都還完整地保留著，拍攝的照片也都一張張擺放在他寶貴的相冊裡。

「想要成為一個與眾不同的人，就得先去挑戰那些與眾不同的事。」是現年已經九十五歲的公公的名言。每每想起在他那個年代要做這些事情需要多麼大的勇氣和毅力，我就會覺得要為自己的人生更加把勁才行。

至於枝豆，是從英國唸書回來才開始成為自由工作者的。

成為自由工作者的理由，是因為他想要從不同的工作形態中獲得更多元的養分。枝豆還沒到英國之前，一直從事著展場規劃的工作，直到從英國唸完藝術管理的課程後，他決定要做可以一邊從事藝術相關的研究、一邊繼續操作實務性的工作。不過在分工清楚的日本企業裡，實在很難達到他的需求。因此他只好分別與三家不同的公司簽約，而這三家都是經過他精挑細選，非常喜歡的企業。

枝豆拿到這三家企業的合約過程，則是讓我印象深刻。連續好幾個早晨，我都見他西裝筆挺地拿著牛皮紙袋裝的履歷表和工作提案企劃書就出發了。

「我必須直接見到負責的窗口，跟他說我想要這份工作！」他信誓旦旦地說。

我一直以為在日本求職，非得要先郵寄履歷表，然後經過層層關卡才能得到面試的機會。所以當枝豆跟我說他要這麼做的時候，我覺得非常冒險，但同時也相當地佩服。

「因為想要得到你要的工作，最重要的就是展現企圖心。」枝豆眼神堅定地說。

其實在公公還有枝豆的日本朋友眼裡看來，他們兩人都像是外星人般不可思議的人種。在必須循規蹈矩的日本社會裡，顯得有點過分我行我素。不過他們對於自己的工作非常負責，對於時間的規劃也非常地精確。

「對自由工作者來說，時間就是金錢。」公公說。

「對自由工作者來說，週末就是進修的黃金時間。」枝豆說。

「自由工作者建立人脈的方法，就是把這份工作做好，下一份工作自然

就會找上門。」不太參加應酬的枝豆和公公，在工作上有著同樣的心得。

「對自由工作者來說，忙碌就是最幸福的事。」則是我們三人的共識。所以當周圍的人對於自由工作者有著「好像過得很悠閒」，或是「好像對人生沒有規劃」的誤解時，我總覺得自由工作者也有著企業員工無法體會的辛苦之處，要維持這種生活方式所必須付出的條件，是極度的自律以及不被現實打倒的毅力。

「你們要記得，雖然不屬於任何企業，但你們就是自己的老闆。」公公時常在我和枝豆遇上工作低潮的時候，這樣鼓勵著。

「以一個老闆應有的姿態和負責任的態度去面對每一個工作，就沒有人會看輕你了！」

不知道在東京，我還會以自由工作者的形態生活多久。不過總覺得能夠遇上這樣不遵循傳統體制生活的公公與先生，讓我這個在東京求生的異鄉人，也能擺脫世俗的羈絆，有勇氣去追尋更多的幸福與自由。

國家圖書館出版品預行編目資料

明太子小姐的東京生活手帳／明太子小姐著．
-- 初版．-- 臺北市：平裝本，2017.5
面；公分．--（平裝本叢書；第 0452 種）
(icon；45)
ISBN 978-986-93793-6-6(平裝)

731.726085　　　　　　106005686

平裝本叢書第 0452 種
icon 45

明太子小姐的東京生活手帳

作　　者—明太子小姐
發 行 人—平雲
出版發行—平裝本出版有限公司
台北市敦化北路 120 巷 50 號
電話◎ 02-2716-8888
郵撥帳號◎ 18999606 號
皇冠出版社（香港）有限公司
香港上環文咸東街 50 號寶恒商業中心
23 樓 2301-3 室
電話◎ 2529-1778　傳真◎ 2527-0904
總 編 輯—龔橞甄
責任編輯—平　靜
美術設計—嚴昱琳
著作完成日期— 2017 年
初版一刷日期— 2017 年 5 月

法律顧問—王惠光律師

讀者服務傳真專線◎ 02-27150507
電腦編號◎ 417045
ISBN ◎ 978-986-93793-6-6
Printed in Taiwan
本書定價◎新台幣 350 元／港幣 117 元